なぜか相手がホッとして愛してしまう

癒し系の女性になるヒント

Hints on Becoming a Woman with Healing Power

チヤホヤされる人より選ばれる人の魔法の魅力

「痩せずに幸せモテ女」恋愛カウンセラー
羽林由鶴
Yuzu Hanebayashi

青春出版社

はじめに——チヤホヤされる人より、最後に選ばれる人になる！

もっと美人だったら、もっとモテて素敵な彼ができるのに。

もっとスタイルがよければ、どんな服だって素敵に着こなせて人気者になれるのに。

そんなふうに思ったこと、だれでも一度はありますよね。

でも、すっごい美人なのに、チヤホヤされて終わり……の女性がいる一方で、第一印象はそんなでもないのに、みんながいいなと思っていた一番人気のいい男とゴールイン（！）する女性もいます。「なんであの子が！」って女性たちの間で噂になったりして。

この彼女たちの違い、わかりますか？

あ、ご挨拶が遅れましたね。

こんにちは！　私は１０３キロの恋愛応援カウンセラーです。なんだそりゃ？って思いました？　私は日本で初めての太め女性の恋愛を専門に扱ったカウンセラーなんです。「103キロで恋愛を語る？　へ⁇」って感じでしょうか。はい、目いっぱい語っちゃいます。

私は、あるときまでずーっと太っていることを悩んでいました。そう、コンプレックスの塊《かたまり》だったんです。太っていることで人生がひどくつまらないものになっていました。自信がなくて、寂しくて、悲しくて……。生きていることさえ申し訳ないような、そんな気分で長い間過ごしてきました。

その私が、東大卒、東大大学院修了の13歳年下の彼からプロポーズされ、現在は面白おかしい人生を楽しく生きています。

私は主人にプロポーズされる前に四人の男性からプロポーズされました。彼らがこれまで付き合ってきた女性は、スレンダーな女性もいたそうです。なので、彼らがマニアな変態とかではないんですよ（笑）。

「え？　本当に？」って思いました？　はい、本当です！　私みたいな太め女性がそんなに何人もの男性にプロポーズされるなんて、不思議ですか？　ふふふ。

でも実は、不思議でもなんでもないことなんです。だれでもできる些細《ささい》なことで、美人でなくてもナイスバディでなくても、深く深く愛してもらえる。そして、オンリーワンとして、そう、特別な、一生をかけて守りたい宝物として扱ってもらえるということに気づいたんです。

「そんなはずないわ！」ですって？　ええ、私も最初はそう思いました。私には無理。どうせ……、だって……ってね。でも、それって無理もないんです。ずっとずっと間違った思い込み、「美人とナイスバディが女性の一番の魅力」って思ってきたんですものね。

「ユズさんだけが特別な才能か何かあったんじゃないの？」ですって？

いえいえ、そんなことないですよ～。私と同じことを試したたくさんの女性が、やはりオンリーワンとして深い愛を手に入れることに成功しているんですから。

この方法をきっかけに、恋愛だけではなく、広い意味で人生を再スタートさせた女性もたくさんいます。

では、ここであなたに質問です。

あなたが本当に手に入れたいのは、美しい顔と、スタイルのよい体ですか？　それとも、幸せで楽しい毎日と、あなたを一生大事にしてくれる素敵な男性ですか？

両方手に入れられたらとってもいいですね。私もそう思います。でも、一つしか選べないなら、私は間違いなく、幸せで楽しい毎日と、私を一生大事にしてくれる素敵な男性を手に入れます。そして、一生変わらないオンリーワンの女性として、彼から愛され続け、彼を愛し続けます。

美人でもスタイルがよくっても、それだけじゃ、こんなに深く愛されません。

そして、美人やナイスバディじゃなくたって、深く深く愛されることができます。

そう、些細なこと、つまり「癒し系のパワー」を身につけるだけて、あなたを取り巻く世界がびっくりするほど変わり始めるんです！

むずかしいことは一つもありません。

だれでも簡単にできる、些細なことです。

１０３キロの私ができた、永遠の愛を手に入れる方法です。

この本を手に取っていただいたのも何かのご縁です。だまされたと思って、ぜひ試してみてくださいね！

なぜか相手がホッとして愛してしまう
癒し系の女性になるヒント

もくじ

1章 「癒し系の女性」になる、ちょっとした習慣 〜自分磨き編〜

2章
大切にされる女性になる癒しのルール
～出会い編～

3章 男性がもう一度会いたくなる魔法
～デート＆お付き合い編～

4章 彼がホッと心を許す瞬間を知る ～セックス&プロポーズ編～

5章 コンプレックスも魅力に変わる8つの方法
～セルフケア編～

エピローグ

愛され続ける「癒し系の女性」の条件

DTP　ライトサプライ

プロローグ

美人じゃないのに
なぜか愛される女性の秘密

私が恋愛コンプレックスだったころ

恋愛コンプレックス。そう、恋愛が得意じゃなかったころの私の話です。

そのころは、本当は彼がほしいのに、「彼がほしい」なんてことすら絶対にいえませんでした。「カレシ」なんていう言葉もいえません。なぜって、彼がいないことはダメなことって思っていたから。

男性に見向きもされない魅力のない女。そんなふうに思われるのはイヤだし、「彼がほしいのならやせなよ」なんていわれるのはもっとイヤだし……。だから友達同士の彼氏談議ではもっぱら聞き役や秘密主義を演じていました。それでも、しつこく聞かれて雰囲気が悪くなりそうなときは、本当はそんな人いないのにいるような顔をしちゃって、「私の彼は、実はこんなに素敵なのぉー」みたいなことをいってしまう。それでもって友達からさんざん「今度、ユズの彼と絶対会わせてー」とかいわれちゃって、別れてから自己嫌悪。だって、本当はそんな人いないんですから。

彼がいるフリをしたことで、自分で自分を追い込むようなことになっちゃって、余計に寂しくなっていました。好きな人がいても、「もしふられたらどうしよう」と思うと、告白はおろか声をかけることすらできませんでした。嫌われるのがイヤだから、先に私のほうが「あの人、嫌い……」とかいっちゃったりね。

本当は彼氏がほしいなと思ったり、この人と付き合いたいなと思っているのに、全然違うことをしてしまう。そして余計に孤独になってしまう……。

今振り返ると、些細なことを気にしてかわいらしいなぁと思うけど、当時は本当に悲しい思いをしていた、恋愛コンプレックス時代の私です。

何がいけなかったの？って考えると、そう、素直じゃなかったんだよね。心を隠してる。弱みは見せたくない。プライドが高い……って、言葉にすると格好いいけど、単純に自信がなかったんだよね。私が愛されるはずない。私が恋愛なんてできるはずないって、自分をものすごく低く評価していて、**本当は人一倍寂しかったり悲しかったりしているのに、「私は独身主義なの！　結婚なんてする気はないの。ほっといて」みたいな（トホホ……）。かわいげありませんでした。**

でも、気づいちゃったんです。些細なこと。それだけでこんなに変われるなんて、私自身がびっくり。あのころの私に伝えたいな。「ユズは恋愛コンプレックスからちゃんと抜け出して、最高の男性と永遠のパートナーになれるよ」ってね（笑）。「オンリーワンになるために一番重要なのは外見じゃないよ。無理なダイエットで体も心も傷つけても手に入れられなかったものを、些細なことで手に入れられるよ。もう心配しないでいいからね」なんてね（笑）。

そしてこの些細な方法は、私だけに効く魔法なんかじゃなくて、だれにでも簡単にできることばっかりだっていうことは、私の変化を見ていた周りの友達によって証明されていきました。

そりゃあそうよね～。私が急に素敵な男性とデートするようになったから、友達は「なぜなぜ？　どうして？」って思うのは当然でしょう（笑）。そして、みんなが「些細な方法」をマネし始めて……。気がついたら、みんな幸せになってる！

恋愛コンプレックスまでも魅力に変えてしまう、だれにでもできる些細な方法を、あなたも試してみませんか？

ただの太め女性から、癒し系の女性へ

「癒し系」の女性のイメージって、どんな人ですか？　タレント、女優さんでイメージしちゃうと、「そんなふうになれないよ」って思っちゃうかもしれません。

「なんだかんだいっても、彼女たちはキレイでかわいいじゃない」

そうですよね。だから、参考にすべきは、彼女たちの見た目じゃない。もっというなら、真の癒し系女性は、タレントさんや女優さんじゃない。普通に生活している、私たちの身近にいる女性なんです。そして、彼女たちに共通するのは、男性が「ずーっと一緒にいたい」と思う、その男性にとって特別な存在だということ。

ただの太め女性だった私が、些細なことをきっかけに少しずつ変化したことで、気づいたら、なんだか周りに素敵な男性がいっぱい現れるようなってきました！　しかも、彼らはみんなこういうんです。

「ユズといると楽しいな。元気になるよ」

「なんだか本当の俺でいられる気がするなぁ」

「ずっと一緒にいたくなるよ」

「なんか、ユズって癒し系だよね」

私が自分を変えようと思って始めた「些細なこと」のおかげで、自然に癒し系と呼ばれる女性になっていたみたい（笑）。

もちろん、体形が変わったわけじゃない。私と一緒にいると、なんとなぁく安心するとか、元気になれるとか、やさしい気持ちになれるとか、楽しいよとか、リラックスできるとか……。それこそが癒し系の女性なのかなぁって思ったりします。

間違ってほしくないのは、癒し系って、男性に楽をさせて、母親や姉のような存在になることではないってこと。聞き分けよく彼を甘やかすということでもありません。

私は私の考えを積極的に彼に話すし、彼の話も聞きたがる。そして怒るし、泣くし、大笑いする。こんな自然体だから、男性は安心して、彼自身も自然体で私と接することができるんだと思います。

「癒し系」――。それは美人だからでもナイスバディだからでもなく、私だから、あなただからなることができる、究極の幸せモテ女なんです。

「モテる」より「愛される」幸せを……

ナンパされる、合コンでチヤホヤされる……だからどうしたの？って思います。

そりゃあ、たしかに気分はいいと思う。でも、それだけじゃ、イヤですよね。

「永遠に一緒にいたいよ」って思われて、深く愛されてこそ幸せになれると思うのですが、あなたはどうですか？

私は、特別の人になりたい、オンリーワンになりたいって、ずっと思っていました。永遠の宝物として愛され続けること。それが私の望む幸せ。

一時《いっとき》はチヤホヤされても、「はい終了、バイバイ」じゃヤダ。ほかの女性が現れるまでのつなぎはイヤだ。私はたくさんの人からモテたいわけじゃない。たった一人の人から命をかけて守られたい！　ずっとそう思ってきました。

「モテる」より「愛される」ことが私にとっての幸せなんです。あなたにとっての幸せはどっちですか？

ダイエットしたらモテるようになるかもしれない。大勢の人にチヤホヤされるようになるかもしれない。

でも、**モテる人がみんな告白されたり、プロポーズされているかというと、そうでもないんですよね。**そりゃそうですよね。男性にしてみれば、見ていてキレイでいい気分になれたり、連れて歩いたら自慢な女性でも、ずーっと一緒に過ごしたり、ましてや暮らすとなったら、見た目だけじゃ決断できませんもの。

それに、歳《とし》を取れば、どんな美人も若いころに比べれば美貌は衰えます。

でも、「永遠に変わらない魅力」っていうのがあるんです。

癒し系の女性は、その「永遠に変わらない魅力」を知っている人のことなんです。

合コンで二番手になって、人気の男性に誘われる女性

合コンで一番人気の女性っていうと、やっぱり見た目かな？　あとは話がすごく面白いとかね。残念ながら、私はそのどちらでもありません。

でも、**「ユズと合コンに行くと、いい男を持ってっちゃうから一緒に行きたくない！」**と女友達にいわれたことがある私（うふふ）。

その私が合コンでただ一つ気をつけていること……、それは、その場の雰囲気を大事にすることです。私だけが素敵な人と仲良くなるということを目的にするのではなくて、みんなが楽しくなるように気を使っているつもりです。

ちょっとした言葉や、ちょっとしたしぐさが、一緒にいる人にとって気持ちのよいものになればいいなと思っています。

合コンとはいえ、基本は楽しい飲み会。みんなで飲んでいるのに、いい男狙いで、ほかの人のことはどうでもいいって態度は、そのほかの人から見て気分がいいもんじ

ゃないですよね。でも、そういう場面ってけっこうありがち。自分と彼だけで生きていくわけじゃないのになぁって思います。

素敵な男性ほど、実は全体の雰囲気をよく見てるんです。だから、さりげなく、ほかの人にも気遣えるような女性をいいなって思うみたい。

よく、「なんであの子が！」っていう目立たない子が、美人やオシャレな子をさしおいて一番人気の男性とうまくいっちゃうことがあるけれど、それって、そういう気遣いの素敵な女性なんだと思います。

男性は女性以上に友達を大事にする人が多いんです。自分のお友達にまで気遣いができる女性は、永遠のパートナーにしたいって思っちゃうんですね。だから、彼の世界を大事に思ってくれる女性を探している男性はものすごく多いですよ。

ありのままの自分で……っていうのは、自己チューでわがままってことじゃないことを、癒し系の女性は知っているんです。

いい男ほど「癒し系」が好き

いい男といわれる男性は、周りからチヤホヤされることに慣れています。

逆ナンパもされるし、いつもだれかに見られているような緊張感があって、一人でいるとき以外は、だらぁーっとなんかできないらしいです（イケメンの友達談）。

ちょっとうらやましい気もしますが、チヤホヤされるってのも案外大変なんだって思いました（笑）。

チヤホヤされるのが当たり前になっちゃってる人には、私のようにチヤホヤしてあげることもなく、ただそこにいて、みんなの雰囲気を大事に考えることをしているような人が、なんとなく安心で好まれるみたいです。だれだってそうですが、安らげる場所って大事なんですよね。いやいや、大事なんてもんじゃなくて、絶対に必要なんだよね。**安心できたり、格好つけないで楽しかったり……、そういう居場所になれたら、その女性は大事な人。大事なんてもんじゃなくて、絶対に必要な人にな**

るのよね。

俗にいう「いい男」が、「癒し系」が好きな理由。それは単純で奥が深いのです。

俗にいういい男のほかに、本当に本当の、私にとってのいい男、あなたにとってのいい男っていうのもあります。

それは、これから始まる未来を一緒に作るためのベストパートナー、永遠のパートナーのこと。

どんな男性が一番いい男なのかは、人によって違います。

でも、共通するのは、永遠に愛され、永遠に愛し続けることが可能な男性ってことです。そう、おじいさんやおばあさんになってもね。

ということは、挑発的、刺激的なだけではダメなんです。

「癒し系」だから、俗にいういい男にも、本当に本当の永遠のパートナーにも愛される女性になります。癒し系って、お得！

コンプレックスがある人ほど魅力的になれる!

コンプレックスがある人って、どういう人だと思いますか?

暗い?　いじけてる?　ひねくれてる?　嫌われ者?

いえいえ、コンプレックスがあるからこそ、ほかの人を幸せにできるんです。残念なことに、コンプレックスに負けて身動きできなくなっている人がたくさんいます。以前の私もそうでした。

でもね、ちょっと意識を変えるだけで、だれよりもやさしく、そして魅力あふれた人になれるんです。

言葉や態度で傷ついてきたから、ほかの人を傷つけることはしない、できないでしょう?　ちょっとした言葉や、ちょっとしたしぐさが、どれだけ人の心を深く傷つけていくかをだれよりも知っていますからね。

傷ついた経験は、これから先の人生で武器になるのです。

傷ついた経験を無理に人に話す必要はありません。でも、自分がイヤなことは、相手もイヤなんだってちゃんとわかって接することができたら、それだけで、とてもやさしい人だと思われます。それだけで、すごく魅力的だといわれます。

自分の非を認めるとか、反省できるとかいうのも、口でいうほど簡単ではなくて、なかなか素直にできない人は多いですよね。

だから、これはコンプレックスで悩んだことのある人だけが自然に身につけられる武器、そして一生変わらない魅力です。

ぜひ、その魅力を、ちょっとした方法で身につけてくださいね。

1章

「癒し系の女性」になる、ちょっとした習慣

～自分磨き編～

Hint 1
「私」を主語にして考える

「癒し系女性」の一番の条件は、「自分の考えを言葉にできる女性」です。

癒し系なのに、自分の考えが一番大事だなんて、意外ですか？

でもね、自分をきちんと知って大切にできる人じゃないと、相手も大切にできないんですよ。そして、自分を知るためには、「思っていること、やりたいこと」を明確に言葉にできるかどうかがポイントなんです！

今でこそ癒し系の女性と胸を張り、「太めもチャームポイントの一つ♪」なんて平気でいってる私ですが、ちょっと昔は太めの「ふ」の字もいえないくらい太めはタブー。太っていることを毛嫌いして、そんな自分をきちんと認めてあげていませんでした。

外に出て、すれ違った人が笑おうものなら、「私のこと、笑った!?」なんて自意識過剰に傷ついて……、自分で自分を傷つけてたんですね。こんなに生きにくいのは、ぜーんぶ、この体形ゆえ……、やせない限り私には心の平安は訪れないんだわ。でも、この体重を平均値まで落とすなんて、かなり絶望的かも……なんて人生に悲観していました。

当時、ある女性にいわれて衝撃的だったことがあります。それは、

「ユズさんの話には全部ユズさんがいないね」

というセリフ。実は、彼女はプロのカウンセラー。あるきっかけで気軽にカウンセリングを受けてみたのですが、それが私の転機の一つにもなりました。

私の話に私がいない⁇　ええ⁉　まったく意味がわかりませんでした。

「ユズさんが話すことの主語は、ユズさんじゃないですよ」

そういわれて自分の言葉をチェックしてみたら……、

「彼は髪が長い人が好きだというから伸ばします」

「着られるサイズがないからオシャレができません」

「太っているから彼ができないんです」

ううう、たしかに……。本当はロングヘアなんて好きじゃないのに彼の好みに合わせる私。サイズがないのをオシャレをしない言い訳にしている私。太っていることを

うまくいかない理由にしている私……。

他人の顔色ばかり気にして、うまくいかないことは全部自分以外の人や物のせいにしていたんですね（アイタタタ……）。自分が何をしたいのかわからず、当然、自分が何をすべきかもわからない。だから何も自分で決められない、変われない……。

でもさ、しょうがないじゃん、太ってると大変なんだよ、実際……と、懲《こ》りずに思いつつも、心の片隅で「主語がない」っていうなら、主語を私にすればいいんじゃない？　そのくらいできるわよー、と思ったのも事実。

そこで、試しに単純に主語を「私」にしてみました。

そんなことなら簡単って思うでしょう？　でもね、実際はすっごーく難しかった。「私は……」「私が……」これって自分ですべて考えて決めるってこと。もちろん自分に責任があるんですよ。正直、イヤだなぁ、ちょっと面倒くさいかも……と思いました。でも、どうしても言い訳ばかりの人生を変えたかった。だから、無理をしないで、できることから始めました。

もっともっとシンプルに、

「私はお茶を飲みます」

「私がコーヒーを入れます」

なんだか初級英会話の例文みたいですが、こんなところから始めてみました。日常のことすべてを「私は……」「私が……」で始めて言葉にするだけ。

やってみて実感したのですが、**これ、声に出すことがポイントなんです**。声を出すことで、自分の声を自分の耳で聞くことになります。

ともかく毎日、本当に一つひとつのことを、私という主語を意識して考えていったら、いつの間にか「私は～がしたい」とか、「私は～をする」というのが前ほど負担じゃなくなってきました。しかも、やりたいことがどんどん明確になる！　不思議!!

「私は恋愛がしたい」「私はデートをする」。調子に乗ってくると、こんなこともいえるようになりました。

それまでは、「こんな私が恋愛なんて」と思っていたのが、「でも、やっぱり恋愛したいんだもの！」「彼がほしい！」と自分の気持ちを認めてあげられるようになったんです。**自分の考えを言葉にすることで、私自身が私の思いに耳を傾けるようになったんですね。**

それで気づいたんです。それまでの私は、自分の気持ちにフタをして、全然自分を大事にしてあげてなかったんだなって。

主語を自分にするだけで、やりたいこともどんどん具体的になってきました。「私は今度は絶対かわいい年下の彼をゲットする!!」

ある日、なんとなくそう決めました。そのうえで、たくさんの人と知り合っていくと……年下の男性を見る目が変化します。「この人が私の彼だったとしたら?」。そんなふうに思ってみたりします（笑）。さらに私のほうから彼らにする話の内容も自然に変わってきます。そんなふうに毎日を送っていたら……、

13歳年下の、素敵なカレと結婚しちゃいました（てへ☆）。

こんな年下でなくてもよかったんですけどねー（あ、ノロケ入ってますね……）。

「私は今度は絶対かわいい年下の彼をゲットする!!」

これって、それまで気づかなかったけれど、実はものすごく私にとって重要だったようです（爆）。前は、どうせ無理って思って、最初からあきらめて、考えないようにしてたんですね。それが、「私は……」「私が……」で話をして、考えるだけで、今まで絶対に無理と思っていたことが実現してしまった。不思議だけど、本当なんです。

自分の考えを言葉にして話すと、一緒にいる人は安心します。「何を考えているの

かな？」って詮索《せんさく》する必要がないからね。私のことを理解してくれる状況ができるのです。そのうえ、そんな私を見て、相手も自分の考えていることを言葉にしてくれます。これで、「この人はどう思っているの？」という不安が消えて、お互いに理解して、理解されたという安心感が生まれます。そう、お互いにね（笑）。

「癒し系」は癒され上手だったりもします。

「自分の考えを言葉にする！」

たったこれだけだけど、効果絶大!!　あなたもだまされたと思って、ぜひ試してみて！

癒し系の愛されテク

自分の気持ちにフタをしない

Hint 2

鏡はあなたの味方！

あなたは、今のあなたが好きですか？

もし、好きでない、好きになれないと悩んでいるのなら、ぜひ、好きになっちゃいましょう！

自分を好きになること。これは癒し系女性になるには、絶対欠かせない条件です。

そんなカンタンにいうけど……って思いました？　でも、人間って、案外シンプルなものみたいですよ。

私が自分でやった中でバツグンに効果があって、しかもカンタンにできちゃう「些細なこと」。それは、鏡と仲良くなること！です。これって、癒し系女性になる最も重要なテクの一つかも。

ある心理学者の面白い研究があります。

大学生に顔写真を見せて、それに対する好意の度合いを調べたら、見せられた回数が多ければ多いほど、その写真の顔の人を好きになったということがわかったというのです。

回数を多く見せられた写真の顔を好きになる！

しかも、美人かどうかは関係ないそうです。

これは使えるかも……と思った私は、さっそく実行！　その効果たるや、私自身がびっくりしたくらいです。

どんな顔であっても、見れば見るほど好きになる！　これは顔だけではなく、物でも何でも当てはまるそうです。もちろん体形も!!

それでは、私が実践した『些細なこと』の具体的な方法を教えちゃいます！

家の中で一番小さな鏡を用意してください（歪《ゆが》んで映るようなものはいけません）。

用意しましたか？　では、始めましょう♪

顔の中で一番気に入っている部分（気にならない部分）を鏡で映して見てみましょう。一回の時間は関係ないので、一日に何回でも、一番気に入っている部分（気にならない部分）を見てみましょう。

私の場合は唇でした。目だけでも、まゆ毛だけでもかまいません。一日に何度でも見てくださいね。

そして、鏡を見ながら、声に出していってください。

「そんなに悪くないね。なかなかいいね。けっこうかわいいね」

ほかにどんな言葉でもかまいません。思いつくままにほめてください。決して、ため息をついたり、嘆いたりしてはいけません。

「一人でそんなの馬鹿みたい」とか「格好悪い」なんていわないでください。

一人だからこそ、だれに遠慮することもなく、思う存分ほめていいのですよ（笑）。

最初はなかなかやりにくいかもしれませんが、すぐに慣れます。

ぜひ、声に出してほめてください。それだけで効果がわかります！

私は、**「ユズの唇は格好いいね。形も色もキレイだよね」**という言葉をよく使いました。そうしてほめてあげると、コレまで以上に唇にぷるぷるぷるん！っとみずみずしいツヤが出てびっくりするほど！

次の日は鏡を一回り大きくします。前日と同じように、一番気に入っているところを映します。鏡が一回り大きいですから、前日よりも一回り広い範囲が見えますね。

一回の時間は短くていいので、一日に何回も繰り返して見ましょう。もちろん、ほめることも忘れてはいけません。

毎日毎日、このように鏡を少しずつ大きくしていきます。ほんの少しずつでもかまいません。

そして、そのたびに、あなたをほめる言葉を声に出して言い続けると、あなたは徐々に、鏡に映るあなたを好きになってしまいます。

最後は、頭のてっぺんから足のつま先まで、全身が映る鏡を使ってくださいね。

自信がある人は自分のことが好きです。自分のことを大切にします。自分のことを好きな人は自信に満ちあふれ、自分以外の人に気を配るやさしさや余裕が生まれます。

「些細なこと」ですが、鏡を毎日見るだけで、永遠に愛されるオンリーワンに、確実に一歩近づくのです！

癒し系の愛されテク

「私の素敵なところ」を愛してあげる

Hint 3

「新しい私」に生まれ変わる些細な方法

あなたは、あなたが好きですか？

あれ？　さっきとほとんどおんなじ質問って思いました？　そうです！　これはとっても大事なので、もう一回、おんなじ質問。もし好きでない、好きになれないと悩んでいるのなら、ぜひ、好きになっちゃいましょう！

たとえば、鏡を味方にしようとしても、どうしても今のあなたをそのまま好きになることができないのなら、今のあなたにさよならをして、大好きなあなたに生まれ変わってしまいましょう。

……といっても、ダイエットや整形なんかじゃないですよ。あなたの中からリニューアルです（笑）。

身の回りのもので、一年以上変えていないもの（変化のないもの）を思い出してください。部屋をぐるっと見回せば、いろいろありそうですよ。

髪形、洋服、化粧品、部屋の配置、使っている小物、生活習慣、買い物に行く場所、趣味とかね。

この中から、変えやすいものからでいいので、どんどん変えてみてくださいね。

そう、とてもシンプルに考えれば、今のままのあなたをどうしても好きになれないのなら、「今のあなた」にさよならをして、あなたが好きなあなたに生まれ変わればいい！

私は、最初は鏡を見ることもすごくイヤだったんです。唇だけを鏡で見ることにも抵抗がありました。「今のままの自分を好きにならなきゃいけない」って思い込んで、「やっぱできないよー」って、さらに自己嫌悪。

いつものように凹《へこ》んだある日、気分転換に部屋の模様替えをしたんです。ずっと同じ配置だったから、ベッドの位置を変えたり、机の位置を変えたりね。

それだけで、見える景色が変わったんですよ（まあ、当たり前なんですが…）。なんだか今までとちょっと違う感じ。すると、なんだか楽しくなってきて、今度は朝起きて見るニュースのチャンネルを変えたり、コーヒーを紅茶にしたり（笑）、一本早い電車に乗って、帰りはいつもと違う道を通って帰ったりしてみました。たったこれだけなのに、なんだか自分じゃない感じ。**出会う人も風景も、道一本違うだけでまったく違う。新しい自分に生まれ変わったみたい。**

こんな些細なことだけど、気持ちが変わり始めて、鏡を見ることもだんだん怖くなくなった……といっても、最初は唇だけね（笑）。新しい私を、自分の目で確かめるっていうのは、けっこうドキドキするけど楽しいの！

そこで私が気づいた、すっごく大事なこと！　私の未来は、私の思うように作ることができるってことなんです。

そう、忘れないでネ、あなたが望む未来は、あなたの思うように作ることができるんだよー。

今の自分がどうしても好きになれないのなら、好きになれる自分になればいい！

外見ではなくて、永遠に愛される女性に変身することは、そんな特別なことじゃないんですよ！

癒し系の愛されテク

素敵な私になって、自分の望む未来を作る

Hint 4　どんどん魅力的になる魔法のノート

さて、好きな自分に変わっていくのと同時に、どんどん魅力も増えていったら素敵ですよね。

では、あなたの魅力を確実にどんどん増やしていく方法を教えます！

まず、ノートを一冊用意してください。どんなノートでもいいです。

では、あなたの魅力はどこですか？　一つでも二つでも、魅力と思えるものがあれば、ノートに書いてください。

まったくありませんか？　気にしないでください。

それでは、一般的に魅力ということでイメージするものを、どんどん書き出してください。どんなものでもかまいません。思いつくままに最低50個は書いてみましょう。

あ、間違えないでくださいね。魅力は外見だけではありませんよ。

ボタンつけがうまいでも、ごはんを早く食べるでも、何でもいいのです。できるだけ具体的にたくさんあげてみましょう。

書き出したもので、あなたができそうなものを○で囲んでください。

可能性のあるものはすべて○で囲みます。わずかな可能性でもかまいません。

ちょっとがんばればできることは、すべて○で囲んでください。

外見などはそう簡単に変えられませんから、髪を伸ばすとか、勝手にできること以外は○で囲まないでくださいね。
○で囲んだものを見て、すぐにできそうなもの、少し努力が必要なもの、かなり努力が必要なものに分けます。
まずは、すぐにできそうなものを、あなたの魅力にしてしまいましょう。

魅力にしてしまうとはどういうことでしょうか？　それはとても簡単なのです。

あなたが「これが私の魅力」と思えばいいのです!!

まず、毎日、先ほどの○で囲んだ紙を見て、自分の魅力を声に出して確認してください。

たとえば、**「私の魅力は、笑顔！」。そう声に出すことです。そしてそのあと、その魅力、この場合は笑顔をやってみましょう。……ほらできた!!**

魅力が『肉じゃがを上手に作ること』だったりすると、毎日は作れませんが、とりあえず声に出していうことまでは必ずやってくださいね。

すぐに魅力にできそうなものについて、毎日このように繰り返し、あなた自身が「これが私の魅力」と思えるようになったら、少しずつ他人に披露していきます。

あなた自身、これが自分の魅力だと思っているわけですから、披露することには抵抗がないはずです。

披露といっても、あらためて、はい、どうぞということではありません。

先ほどのたとえの「私の魅力は、笑顔！」ということであれば、他人と接するときに、その魅力的な笑顔でさりげなく応対するというだけの話です。

あなたが見せる魅力（たとえば笑顔）を見て、「君の笑顔はかわいいね」といってくれたら楽ですが、実際はそうはいきません。

「じゃあ、意味ないんじゃない？」

いえいえ、あせってはいけません。

「君の笑顔はかわいいね」といってくれなくても、あなたの魅力（笑顔）を見せることで、相手の気分がよくなります。何か言葉を交わすときにあなたが魅力を披露したことで、相手も「ありがとう」というような言葉をくれたり、いつもより長めの会話になったりします。

もしかしたら、まるでいつもと変わらない応対しかしてもらえないかもしれません。

でも、きっと相手は心の中で思うはずです。

「あれ？　なんか、やさしい顔だちになったなぁ」とか、

「明るくていい子だなぁ」とか……。

もし、反応がよくわからないとか、あんまりよくないと思ったとしても気にすることはありません。あなたにはほかにも魅力の候補がたくさんあったでしょう？　もう一度、ノートを見直してくださいね。

すぐにできそうなものを全部あなたの魅力にすることができたら、次に少し努力したらできそうなものを、同じような手順で、あなたの魅力に変えていってください。

こうやって、どんどんあなたの魅力を増やしていくのです。

どんどん魅力を増やしながら、いろいろな場所であなたのいろんな魅力を披露していくうちに、特に反応のよいいくつかが見つかります。

それが、あなたの「本当の魅力」です。

あなたがたくさんの魅力を持っていることを自覚できると、行動が積極的になります。積極的な行動ができるようになると、周りの人があなたの魅力を見つけてくれます。そして、あなたに教えてくれます。

あなたが知っている魅力、気づいていない魅力、いろんな魅力を周りの人が指摘してくれます。そうして魅力はどんどん大きくなったり、いっぱいになったりします。

するとあなたは、もっともっと自分に自信が持てるようになります。

「些細なこと」ですが、自分の魅力（魅力にしたいところ）を声に出していうだけで、幸せモテ女にまた一歩近づくのです。

癒し系の愛されテク

魅力は、あなた次第でどんどん増える

Hint 5
ほめられ上手な人の共通点、知ってますか？

「癒し系」の女性は、とってもほめられ上手。ほめてくれた相手の言葉を無駄にしません！

ほめた相手が気持ちよくなって、どんどんほめちゃう。そして、ほめられるほど、どんどん魅力的になっちゃう！　そんな魔法のようなテクニックを教えちゃいましょう。それは……、

ほめられたら、笑顔で「ありがとう！」。

これだけです！　カンタンでしょ？　でも、これだけでどんどん自信がついて、ますます魅力的になるんです。

ところで、一番の魅力って何だと思いますか？　永遠に変わらない魅力。そして、どんな人からも好まれる魅力。

一番の魅力、それは自分に対する自信なんです。自信がある人とない人では、目の

輝き、目の力がまるで違います。嘘だと思う人もいるかもしれませんが、本当のことです。肌のツヤまで違うという人もいるくらいです。

そして、これが重要なポイントなのですが、他人にほめられることでどんどん自信がついて、どんどん魅力的になっていくのです。

あなたを魅力的にしてくれるのは、あなたの周りの人なのです。

ですから、ほめてくれる人には感謝しましょう♪

「私がほめられるはずはないんです……だから、ほめられたとしたら、それは皮肉かイヤミで……」

あらあら、せっかくほめてもらえたとしても、それではもっと自信を失ってしまいますよ？　なんてエラソーにいってみましたが、実は、私もそんなふうに思っていたことがありました（笑）。

「そんなことないです！」なんて、すごい剣幕で否定しちゃったりして……。

素直じゃなかったな、って思います。

それから、ほめてくれた人に申し訳なかったなって。

こんなふうに、ほめられたことを迷惑そうにしたり無視したりすると、相手は二度とほめようという気がなくなります。当たり前ですよね。

私も少しずつ自分に自信がついてきて、余裕ができてきてから素直になることができるようになりました。そうすると、私の周りの人は、どんどん私の味方になってくれるんですよね。ほんと、昔はもったいなかったなぁ～って思います（笑）。

ほめてもらったら、「うれしい！　ありがとう!!」と笑顔で答えればいいのです。

あなたの「うれしい！　ありがとう」プラス笑顔で、さらに好印象を持たれること間違いなしです。

癒し系の愛されテク

周りの人に笑顔のプレゼントを

Hint 6 みんなの視線を自然に集める小さな変身

あなたが髪形を変えたのはいつですか？

あなたがいつもと違う雰囲気のファッションにしたのはいつですか？

あなたが口紅の色を変えたのはいつですか？

人はいつもと同じことをいちいちほめたりはしないのです。これって見落としがちですけど、重要なポイントです。

あなたが毎日同じ髪形で、同じ服装で、同じ化粧なら、だれもあなたをほめたりしません。

そこで、「些細なこと」から始めてみましょう！

だれかに、あなたのほんの少しの変化に気がついてほめてもらう、というのはなかなか無理な話なので、**一カ月に一度くらいのペースで大胆な変身をお勧めします。**

大胆な変身といっても、構えることはありません。

簡単に変えられるものは、髪形、髪の色、アクセサリー、化粧、持ち物、服装、ネイル、ｅｔｃ．……。

なんだってかまいません。

できそうなところから（やりやすいところから）試してみましょう。ただし、大胆な変身にはルールがあります。

それは、ＴＰＯをわきまえること。

たとえば、会社に行くのに、裾の長いドレスではおかしいですよね。高過ぎるヒールも、香り過ぎる香水も仕事の邪魔になります。

会社ということに限らず、『Ｔ「その時」、Ｐ「その場所」、Ｏ「その場合」』を考えて服装、髪形、化粧などを変えなくてはいけません。

でも、むずかしく考える必要はないですよ。お葬式に真っ赤な服は着ませんよね？

そういうことです。

大胆な変身（大きな部分での変身）がほめられやすいのですが、最初は勇気がいりますよね。それならば、**まずは指先や口紅など、小さなポイントで変身してみるのがいいでしょう。**

ただし、なかなかほめてもらえないかもしれません。

それは、「ほめるのって、けっこう恥ずかしい！」って思っている人が多いから。

あなたがダメだからじゃないんです。

「やっぱり私が魅力的じゃないからだわ」なんて思ってしまうと、本当に自信のない寂しい女性に見えますよぉ～。注意注意。

もし、周りが恥ずかしがり屋さんばっかりで、声に出してほめてくれなくても、あなた自身が変身をすることに徐々に慣れていく（前向きになる）ということでは大きな意味があります。

女性はみんな、少しは変身願望があるといいます。あなたの隠れた変身願望に火がつくかもしれませんね（笑）。

癒し系の愛されテク

毎月違うオシャレに挑戦する

Hint 7
髪形チェンジは最大の魔法

さて、大胆な変身で、一番簡単で、一番効果があるものって、なんだかわかります?

それは髪形。

自分に似合って、それでいて新鮮味のある髪形って、どうしたらなれるか。これって、けっこうむずかしいんですよね。美容院に「こんな感じにしてください!」って雑誌の切り抜きを持って行ったりしても、結果は「……」なものだったりして。

私も若いころ、キョンキョン(小泉今日子)みたいになりたくてカットを頼んだのに、仕上がった鏡の中にいるのは、どう見ても大きめのワカメちゃん……なんて、泣きたくなるようなことがよくありました。

毛質も毛量も顔の輪郭《りんかく》も顔だちも違うのですから、当然の結果ですよね。

もう私に似合う髪形なんてないんじゃないの? 太ってるんだもん、しょうがないよね、なんて投げやりになったある日、美容師さんにある一言だけいってお任せしちゃったことがあるんです。

そうしたら、これが大正解でした！

なので、ぜひぜひ、みなさんにお勧めしたい「美容院で素敵な髪形になるコツ」があります。

それは、**美容師さんに一言、「かわいらしくしてください」ということ。**

最近の私は、「若々しく、かわいらしくしてください」というようになりました（えへへ）。

まずはそういってから、してほしくないことだけいいます。たとえばパーマはイヤだとか、カラーは派手なのは困るとか、まゆ毛は見せたくないとかです（笑）。

本当は全部任せたほうがいいのですが、学校や会社の規則や予算のこともありますよね。だから、それは最初に伝えるんです。

「こんな私が何かお願いするなんて……」と思って尻込みしている人も多いはず。

でも、美容師さんはプロです。どんなお客さんも、かわいらしく似合う髪形にしてあげたいと心から願っているんです。私の髪を切ってくれる美容師さんも、「お客さんが笑顔で店を出て行かれる姿を見ることができるとうれしいですね」といってました。その美容師さんの気持ちになれば気が楽じゃないですか？

彼らは、お客さんの髪を見て、顔を見て、雰囲気を見て、考えてくれます。

ですから、**美容院に行くときは、ちょっとオシャレな服で出かけるといいですよ。**あなたの着ている服装も、美容師さんにとって、あなたをイメージするヒントになります。おばさんぽい服なら、あなたの実年齢より高く見られてしまうかもしれませんし、オシャレには無頓着と思われてしまうかもしれません。だからといって、一張羅《いっちょうら》の素敵過ぎる服でも、普段のイメージとズレてしまうので要注意。自然体でオシャレが一番です。

それから、「かわいらしくしてください」というのが恥ずかしい人への裏技もあります。

それは……**「お任せします」**というのです。

「それだけ？」

ええ、それだけ。カンタンでしょ？

私も、今でこそ「若々しく、かわいらしく☆」なんていえるようになりましたが、最初は恥ずかしくて、もっぱら「お任せします」といってました。

してほしくないことだけは忘れずに伝えて、あとは出来上がったときのお楽しみ！今までしたことのないスタイルになったりするので、新しいあなたを発見できるかもしれませんよ！

癒し系の愛されテク

だれかに素敵にしてもらっちゃう

Hint 8 写真やビデオに写るほど素敵になれる

写真やビデオに写るのが怖い、って思っている人、いますか？

その気持ち、私はよぉーくわかります。

見たくない自分がそこに写ってしまうというふうに考えると、どうしても躊躇《ちゅうちょ》してしまいますよね。

うーん、たとえていうなら、体重測定みたいなものかな。

体重計に乗っても乗らなくても体重は変わらないのに、体重計に乗ったとたんに重くなった気がする。そういうふうに思ったことはないですか？　私だけ⁇　私はなんとなくそんなイメージでした。

写真やビデオに写るというのも同じで、そこに写った自分を見てぎょっとするのではないかっていう恐怖があったんだよね。写ったのを見たとたん、私って、こんなにかわいくないのかぁって落ち込む予感があったんです。

太っていたことを気にして家の中に一人閉じこもっていたころは、写真やビデオの存在すら忘れてました（笑）。

でも、外に出るようになって、だんだん素直になって、友達に会ったりすると、「わぁ、クリスマス会だ」「お誕生会やろう♪」なんていって、みんなで「はい、ポーズ」と記念写真も撮るようになりました。

最初は端っこで写っていた私。でも、端っこにいると「なんだか余計に横に広がって写ってる……」ということに気づいて、だんだん真ん中で写るようになりました（笑）。それで、どうしたら格好よく映るのかなとか、かわいく写るかなぁとか、あとで面白いって思うかなぁとか、研究をし始めたんですよ。

そうすると、写真に写ることも楽しくなってきた。友達との遊びの一つみたいになって、表情もどんどん明るくなっていく！　今、アルバムを見ると、その変化が面白いくらいよくわかります。

写真に写るということが憂鬱《ゆううつ》なつらいことだったのが、楽しいことに変わっていったんですね。出来上がった写真を見て、「今度はもう少し目を大きく開けてみようかな」なんて鏡を見て研究してたりして。すっかりモデル気分♪

最初はあれだけイヤだと思っていたのに、写真に写ることが楽しいと感じるようになってくるから不思議なんだよね。

最近は仕事でビデオに撮られることも多くなった私ですが、ここにも魅力のタネがいっぱいでした。写真は真正面から写すことが多いけど、ビデオだと３６０度、しかも動いている姿が映っているので、とっても参考になるんです。

「私って、こんなふうにほかの人からは見えるのね……」と、ちょっとびっくりすることもあるけど（笑）、そんなの、ちょっと気をつけたらすぐよくなることも多い！

「癒し系」の女性は、遊び心満載の自分研究に余念がありません。

楽しみながら、どんどん素敵な自分を作っていきましょう～！

癒し系の愛されテク

写真チェックは美人効果絶大！

2章

大切にされる女性になる癒しのルール

～出会い編～

Hint 9

理想の彼と出会う、ちょっとした方法

理想の彼と出会うには、理想の彼がどんな人かがわかっていないと出会いようがありません（笑）。

あなたにとって、理想の彼はどんな人ですか？

私は、理想の男性の条件をどんどんノートに書き出してみました。

ずっと一緒にいて飽きないとか、安心とか、平等とか、食べるのが好きな人とか。大事なことから、ちょっとした好みまで、思いつくままにどんどん書いたら、なんだか楽しくなってきて……なんと100項目も書き出しちゃいました（笑）。欲張り過ぎ？　いえいえ、いいのです！　まずは、**どんな気持ちも否定せずに書き出してみる。実はこれって、心理学的にも大事なことなんです。**

さて、その書き出した項目を、しばらくは毎日眺めたり、新たに書き加えたりしながら、やっぱり大事！って思った項目に、そのつど○をつけていきました。

そうしたら、私がそのとき求めていた「理想の彼」がすごーく明瞭に浮かび上がってきたんです。

私の理想の彼。それは、「私をやさしく愛してくれる年下のかわいい彼」。

それからは、友達のお誘い（合コン）やネットのオフ会などでたくさんの人と出会うたびに、「今度は年下の彼がいいなぁー」なんて思っているわけだから、アンテナは「年下」に敏感になってるんですね（笑）。

もちろん、ただ年齢が若いってだけじゃ永遠のパートナーになれっこないから、永遠のパートナーの条件は重要です。

友達にも、「私は年下くんと付き合いたい!!」と宣言してあったから、「今度は若いわよぉー」なんていう合コンの誘いがあったり、紹介があったりね。

そうやって、まずいろいろな年下くんと出会うわけだけど、その場で終わりになるかどうかは私しだいってところがあって、出会うところから、ちゃんと知り合っておな友達になって、彼になる……っていうステップをクリアしていかないとダメなんです。

「わぁーい、年下くんだぁー」では、絶対にそこで終わっちゃう。

私の場合は、**この男性がもしかしたら私の永遠のパートナー？って思いながら、**

相手の男性を理解したいと思って話していたの。そして私のことも理解してほしいなと思いながら話しました。

私が付き合いたい相手は年下くんだったけど、たとえばスポーツマンと付き合うぞと決めた友達は、ジムに行ったり、草野球チームのマネージャーとかになったり……。音楽好きな友達は素人のオーケストラに入ったりして、永遠のパートナーと知り合いました。

あなたがどんな人と出会いたいかが決まったら、その人と会える場所に行けばいいんです。

単純だけど、これが正解（笑）。

癒し系の愛されテク

理解したい、理解されたいって思いながらおしゃべり

Hint 10 シンプルなのに愛される魔法の挨拶

最初に会ったそのときに、なんとなぁーく気に入られちゃうのが「癒し系」。ほんの少しの時間だけでも心地よさを感じさせちゃう。こんなことをいうと、とってもむずかしいテクニックが必要なんじゃないのぉ？って気がしちゃうけど、本当は、これも些細なことなんです。

では質問！　あなたはどんな挨拶に心ときめきますか？

たとえば、伏し目がちに首だけ動かすような挨拶をされたらどうですか？「私と会ったのがうれしくないの？」って思いませんか？

自信がなかったころの私は、まさにこの伏し目がち首だけ挨拶でした。自分が傷つかないようにすることで精いっぱいで、相手の気持ちを考えてなかったんだなぁって思います（あのころ会った人たち、ごめんなさい！）。

初めて会ったときに、ちゃんと目を見て、笑顔で「こんにちは！」っていってくれたら、それだけでとってもうれしいですよね。挨拶は、一番重要で、やり方さえ覚えてしまえば、一番カンタンな愛される方法なんです。

さて、あなたはどんな挨拶をしていますか？

彼が「この女性は素敵だなぁ」って思うような挨拶になっていますか？ あなたの挨拶の仕方をちょっと変えるだけで、第一印象って全然変わっちゃうんですよ！

まず、笑顔。これは基本です。ぎゃはははって笑うんじゃなくて、にこって微笑《ほほえ》めば最高に素敵です。笑顔は鏡に向かって何度でも練習してね。すればするほど、自然に（本当ですよ！）、そしてかわいくなっていきますからね。ぜひ練習してみてください。

普段、意識して笑顔を作ったことがない人は、顔の表情筋を使い慣れて、ないかもしれません。そんな人は、お風呂に入ったあとなど、肌がやわらかくなっているときに鏡の前で顔の筋肉のストレッチを！ 笑顔だけじゃなく、怒ってみたり、びっくりしてみたり、口を大きく開けたり、反対に小さくすぼめてとがらせてみたり、目を大きく開けたり、ぐるぐる回してみたり……。いろんな表情を作ってみてください。顔の筋肉って、使えば使うほど引き締まって小顔になるんですよ！ 知ってました？

しかも、シワもできにくい！

こんな些細なことで、イメージもガラリといいほうに変わるのですから、これはチャンスです。ぜひ練習してみてください。

私は最近、いろいろな方とお会いします。

初対面のときには、「はじめまして。太め女性恋愛応援カウンセラー、太め女性代表、〈やせずに幸せモテ女〉の羽林由鶴と申します」とご挨拶します。

すると、大抵の人が笑顔になり、感心してくださいます。そして、そのまま私のファンになってくださる場合が多いです。なぜでしょう？

私は自分から先に挨拶します。頭をきちんと下げます。もちろん、にこやかに、です。私の挨拶で、私がどんな女性かをちょっと知ることになって安心するわけです。安心すれば、相手も安心した表情で挨拶を返してくれます。

もし、私がつまらなそうに、いやいや挨拶をしたらどうでしょう。恥ずかしいからとうつむいたまま、相手を見ることもなく、頭をちょこっと下げるような挨拶しかできなかったらどうでしょう。また私に会いたいと思ってくれる人はいなくなってしまうかもしれません（笑）。

ただし、どんなに素敵な挨拶をしても、全員が同じようにいい反応をするわけではありません。なかには不愛想な人もいます、礼儀を知らない人もいます。でも、多くの人がにこやかに応対してくださいます。

ちなみに、太っているからという理由で話したくないといわれたことはありません。逆に、私が太っているかどうかに関係なく、「話をしたい」あるいは「ファンになりました」とおっしゃってくださる方はとーっても多いのです。

私がコンプレックスに思っていた体形は、ほかの人にとっては大した問題ではないのかもしれません。

私は自分の話をするとき、とっても楽しい顔をします。事実、楽しいからです。

しかし、多くの方とご挨拶してわかったのですが、半分以上の人は、やはり自分で自分を紹介するのが苦手なようです。これは体形とはまったく関係ありません。

苦手な方は、「名前だけとりあえずいう」というような挨拶になり、しかも笑顔がまったくありません。ちょこっと頭を下げ、名前だけ告げ、今のことは忘れて、というように、すぐに素知らぬ顔をする。せっかくの出会いの第一段階なのに、もったいないなぁ、と思います。

笑顔で名前をいう。これだけでも周囲の反応は全然違いますよ！　自信がついてきたら、そこに会話のきっかけになりそうな紹介をプラスしてください。面白いことをいわなきゃって構えることないですよ。趣味だっていいんです。笑顔だけは基本ポイント。

私の場合は、話を聞いてくれた人が、「僕も太ってたんですよ」とか、「私はぽっちゃりの人が好きですね」とか、「太めの女性にふられたことありますよ（爆）」とか告白してくれて、そこからまたいろんな話に発展したりもします。

あなたは、イメージアップを図るチャンスをみすみす手放していませんか？

あなたのイメージアップ作戦を、たった今からスタートしましょうね！

癒し系の愛されテク

笑顔の練習は必須！　小顔＆シワ予防にも対果大！

Hint 11

合コンで「自然な魅力」が出てくる小さな気づき

合コンに行ったとき、こちらの面子《メンツ》を見て、明らかに相手の男性ががっかりしてることってありませんか？　つい、こちらも一瞬ムッとしたり、悲しくなったりして、「もう合コンなんて絶対行かない！」って思っちゃったり。私もそんなことは数知れず、でした（トホホ）。

私の合コンデビューは緊張しまくりでした（恥）。男性の視線や、友達のいつもとは違う女っぷりに負けちゃって何もしゃべれず、酒をあおってましたっけ……。「数合わせかなんか知らないけど、私がこの場に来た意味って何だったのかなぁ？」なんて暗くなって、食べ物がなくなった瞬間に帰りたくなりました（笑）。

おとなしく座っていることしかできなかったある日、たまたま知っているお店が会場で勝手がよくわかっていたので、さりげなくメニューを取ったり、オシボリを回したりしていました。気がつくと、なぜかいつもより居心地がいい……。ん？……なんでかなぁ？　そう思って周りを見渡すと、男性の表情が明るい。それも、私が話しかけたり、メニューやオシボリを渡した相手の顔が。「へぇ、ここ、よく来るんだ。いい店だね」なんて笑顔で私に話しかけてくれる。「ユズさんのオススメは？」なんて会話も続く！　いっつも私のそばに座った人がつまんなそうな顔をしている気がしてたんだけど、その日は違いました。

あれれ、もしかして……と思って、その後もイロイロ試した結果……や——っと私は気づいたんです。**男性も緊張してるんだよね。どんな女性が来るのかなぁ？楽しくできるのかなぁ？って。**

私が思いっきり不安顔、緊張顔だと、男性は「この女性はつまんないのかな？」って思っちゃう。私が「この人、つまんないのかなぁ、あたしでがっかりしたんだろうなぁ……」って思ってたのと、男の人もまったく同じなんだ～、ということに気づきました。けっこう格好いい男性でもそうなんですよ（びっくり）。

私が先に男性に話しかけたことで、男性の緊張や不安がなくなるんですね。

そして、「この女性は気が利くなぁ」とか、「この女性はやさしいなぁ」とか、一気にポイントアップ!!っていうと大げさだけど、ま、人によっては、そのくらい気が楽になって、相手の女性を見る目が変わるようです。私と合コンしたある男性は、後日のデートのとき、そういってました。

合コンといえば男女の出会いイベントだけど、それと同時に、多くの男女は楽しい飲み会を望んでるんですよね。だったら、約二時間程度を楽しい時間にしてしまえばいいんだ！と思ったら、合コンを楽しめるようになりました。

それまでは、正直いうと合コンというものは私みたいな女は行っちゃいけないものと思ってたんですね。でも、男女の出会いもあるけど、まずは人として楽しく飲めればいいんだ！と思って参加しだしたら……これが楽しいだけじゃなくて、案外モテちゃったりもするんですよ（いや、ホントに）。

緊張しないと、自然体の魅力ってのが出てくるんですね☆

次のページからは、その具体的な方法も教えちゃいましょう～。

癒し系の愛されテク

よい合コンは、「楽しい飲み会」

Hint 12 「第一印象負け」しないでモテちゃう方法

さて、「楽しい飲み会」を、まず目指しましょう、といっても、やっぱり合コン。もちろん、素敵な出会いを期待しますよね。

男女の出会いでやっぱり重要なのは第一印象。第一印象は外見。はい、ネット以外、どこでもそうです。そして、外見の印象のままほうっておくと、あなたの印象はそれだけで決定してしまいます。

でも、この第一印象は〝上書き〟できるんです。

私の場合？　そうです「太めの女性」っていう印象です。だから、急いでやらなくてはいけません（笑）。とはいっても、そんな大変なことじゃないんですよ。なにしろ私でもできたことです。

まず、こちらから声をかけます。といっても大げさなものではなく、メニューをさりげなく手渡すとか、オシボリを回してあげるとか、当たり前のことでいいんです。

もし、あなたがその店に前に来たことがあれば、「これがおいしいんですよ」などとにこやかに話しかけるといいでしょう。また、あなたもその店が初めてなら、「これ、おいしそうだと思いませんか?」というように、**当たり障《さわ》りのない会話を楽しそうにする（←ここポイント）ことが大事。**

たったこれだけでも、相手はあなたによく気のつく明るい人というイメージを持ちます。私の場合は、さっきまでの、ただの「太った女性」のイメージを書き換えたことになるんです。

でも……話すタイミングとかむずかしいよー、ちょっと苦手、できなそう……って引き気味のあなたに伝授するとっておきの裏技は、ともかく楽しそうに話を聞くこと。そして、わからないことがあったらチャンス！　すかさず質問してください。わからないままうなずくよりも、わからないことを質問するほうが、興味を持って熱心に聞いているというように好感を持たれるんですね。

男性は趣味や仕事の話を夢中でする人が多いんです。でもこれは、だれかれかまわずってワケじゃなんですよ。ちゃんと聞いてくれている相手にしかしないんだ〜ということに気づいてから、私は、**「ちゃんと聞いてるよ」「あなたの話、面白いね！」**

ってことを、相づちや表情で表現するようになりました。言葉が出なかったら、表情だけでもオッケーです。

するとすると……、はじめはむっつり口をつぐんでいた男性が、みるみる楽しそうに話し始め、会話が弾《はず》むようになるではありませんか。しかも、何人もの男性が、私に「また会おうね！」と連絡先を教えてくれるではないですか！

「なんでユズだけ⁉」と女友達に不思議がられました（笑）。

男性は「僕の話を一生懸命聞いてくれたぁー」ということで満足するようです。で、また話したくなる。そして、また会いたくなっちゃうんですね。

さて、合コンにおいて、たった一人の人をターゲットと決めて話をするなら、一人の人との会話に全神経を集中すべきですが、ほかの男性・女性があまりに盛り上がっていないと合コンの雰囲気が悪くなります。

そんなときは、やはり全員が楽しくなるような気の配り方ができると、最終的に男性にとっては「この子はいい子だな」という印象になり、また会うならこの子がいいなぁとなるようです。

特別な会話ではなく、ＴＰＯに合ったフツーの会話と楽しそうな表情、そして、ちょっとした気遣い。それだけで、「太め女性」っていう印象から、「よく気がつく、一緒にいると楽しい子」って印象になっちゃうんですね。とても驚きの発見でした。

男性の前だからと、すべてを完璧にこなす必要はないですよ～。ちょっと失敗したところから、急に親密になっちゃうことだってあります。

だから、失敗したら、まず笑っちゃうこと。笑顔はほかの人の雰囲気もやわらかくします。失敗を、いつまでも暗い顔で「ごめんなさい」っていっていたら楽しくないですもの。

私はけっこうおっちょこちょい。たまぁーにグラスを倒しちゃったり、ビールを注ぐのを失敗してあふれさせちゃったり（笑）。あなたもそんな大失敗ありませんか？

もちろん、失敗したときは大慌てで「ごめんなさぁーい（泣）」を連発。でも、なぜか一緒に片付けを手伝ってくれた男性にモテちゃうの。ふふふ。

理由はカンタン。そのあと、ちょこっと席をはずしてオシボリをもらいに行くんです。ちょこっと席をはずのがポイント。

「あれ？　どうしたのかな？　落ち込んじゃった？」って思わせたころに、オシボリを持って再登場。それを手渡しながら、「私ってけっこうドジなのよぉ～～、って最初から知ってた?? ニヤリ」。こんな感じで話しかける。

明るく、しかも気遣う女性……。そして最後は、もう一度「ありがと（ニッコリ）」です。

たったこれだけ?って思うかもしれませんが、こんな些細なことが実はできていない人って多いですから、今知ったあなたはチャンスですよ!!

これでバッチリモテちゃいます（笑）。

ちなみに、私はどんどん合コンが楽しくなりました。そして、あまりに気がつくので、お店で働きませんか、とスカウトされました。↑いやマジで（爆）。

癒し系の愛されテク

失敗も楽しい空気作りに利用しちゃう

Hint 13

恋人未満の彼とのメール、どうする?

今や電話よりメールが主流。特に携帯でメールができるようになったから、いつでもどこでも連絡が取れちゃう。合コンなどはじめて会った相手とも、メルアドの交換は気軽にしますよね。名刺にもたいていアドレスが書いてあるもの。

電話よりも相手に負担をかけないし、こちらの都合のよいときにメッセージを送れるので、アプローチもとてもしやすいです。だからメールは大いに活用すべし!

では、ここで羽林由鶴流・気になる彼へのメールの作法を初公開!

恋人未満の彼、特にもともとあんまり親しくない知り合いとか、合コンでもあんまり話さなかった、でも気になる彼。そんな彼にアプローチするときのメールのテクは……。

まずは、なんでもいいから用事を作って、実際にプライベートで会うこと!

え? メールの話なのに、なんで? って思いました? 話が違う!ですって?

あははは。たしかにそうかもしれません（笑）。でもね、これって重要なんですよ。いくらメールがコミュニケーション・ツールとはいえ、これはあくまでも二人の仲を育てるサブ・ツールだってことを、まずは、よーく覚えておいてください。メインは、やっぱり会って話したり、電話で話したり、つまり、生身のコミュニケーションです。メールは、そのうえで二人の仲を育てるための手段です。

そんなに親しくもない相手から、用もないのに突然メールが頻繁に来るようになるって、これ、やっぱり不自然なんです。でも、メールってわりと気軽にできちゃうから、そのことに気づいてない人、多いんですよね。

私も、最初はそんなことを考えないでメールしてました。一度会っただけの人なのに、毎日メールするだけで、けっこう恋愛気分。うふふって感じで盛り上がっていたのに、ある日、ぷっつり返事が来ない。なんでなんで？　何か悪いこと書いたっけ？　受信と送信のメールをみんな見返して、なんでなんで⁇って、もう泣きそう。

「私、何か失礼なこといった？」

「怒らせちゃったの？　ごめんなさい」

「もうメールくれないの？」

って……どんどんメールを送り続けたことも。はい、ストーカーと間違えられそうになりました……。

メールって、お互いの負担にならなくて簡単にできるぶんだけお手軽な関係なんですよね。だから手軽に恋愛感覚も味わえちゃう。でもそれって、生身のコミュニケーションじゃないぶん、擬似恋愛にも陥りやすいんです。**自分ばっかり勝手に盛り上がっちゃって、相手はそうじゃなかった、とか、相手のことよく知らないのに、自分にいいように想像して、好きなつもりになってた、とかです。**

もちろん、言葉で伝えにくいことを書いて伝えられるなど、メールのいいところはたくさんあります。だからメールはどんどん使ったほうがいい。でも、あくまでもサブ・ツールとして使うことが大事！

メールで満足してないで、まずは会うセッティングを！というのが、ストーカーになりかけた私の結論です！

癒し系の愛されテク

メールは恋を育てる「手段」

Hint 14 気になる彼ともう一度会いたかったら……

　では、合コンや飲み会のあと、気になる彼ともう一度会う方法を教えちゃいましょう。

　再会は、二人きりではしにくい場合もあるよね。**出会いのきっかけになったグループのメンバーみんなで自然に再会できるシチュエーションを考えましょう。**みんなにメールして集合をかけるのなら気持ちも楽。

　そのときのメールの書き方は、

「みんな元気にしてる？　そろそろ鍋がおいしい季節。一人鍋は寂しいよぉー。今度の日曜日、鍋する人大募集!!」とか、

「何か忘れちゃいませんか？　今度の土曜は、みんなが最初に会った記念日だよぉー。素敵な店を見つけたよん。騒ごーぜぇ～♪」などを私はよく使います。

　ちなみに、最初に会った記念日なんていい加減です。でも、みんなこれに反応する

の。「え？　今ごろだっけ⁇」「違うんじゃないの⁇」ってね。でもオッケーです。あくまできっかけなんだからね（笑）。

これなら、みんなが楽しく集まれて、しかも彼も気持ちよく来れて、しかもさりげなく自分のこともアピールできちゃうのです。

「みんな宛てに出すとはいえ、彼に直接メールなんて、勇気がないからできない……」うんうん、その気持ちもよくわかります。いきなりメールは……っていう人は、友達に協力してもらってチャレンジを。

以前、バイト先で知り合った男性で気になる人がいたときのこと。彼がバイトをやめる間際にみんなでメルアド交換したけど、いっくら待っても彼からのメールは来ない。私も勇気がなくて、こっちからも一度もメールしてない。でも会いたいなぁ、また会いたいなぁって思ったことがありました。

そこで、メルアドを交換していたバイト仲間の女の子に連絡して、懐かしいねーなんて話をして、また会いたいねーなんて話で一気に盛り上がって、じゃあ、せっかくだから、みんなで会おうよってことで、さっそく二人で手分けして連絡。お目当ての男性が来れなかったらどうするんだ？ってのが心配だったんだけど、ラッキーなことに出席してくれました！　いやぁー、みんなで大盛り上がりのすっごい楽しい時間にになりました。

会いたい男性がいるからって、ほかの人も一緒にって迷惑じゃない？なんて思うことないですよ。反対に、喜ばれることのほうが多いです。そのときも、みんなで集まれてよかったよぉーと感謝されました。

で、飲み会の帰り際に、今度は勇気を出して、「メールしまーす」と彼に宣言。そのあとは、毎日メールする仲になりました（嬉。そして……ムフフ）。

「メールしまーす」って宣言した次の瞬間から、安心してメールできます（笑）。

メールの内容は、会ったときにどんなに楽しかったかをどんどん伝えちゃいます。

そして、**「次は一緒に～しましょう。したいです」と伝えることが大事。**彼も一緒にいた時間が楽しく、あとから来たメールであなたもそう思っていたことを知ったら、また一緒にどっか行こうかーという話になる可能性は高まります！

癒し系の愛されテク

楽しい会の後に「メールします」宣言

Hint 15

癒し系のさりげない「愛されメール」

彼とメールする間柄になったら、ここからが癒し系女性の腕の見せどころです。

さて、愛されメールの超基本、知ってますか？　すっごいささやかで当たり前のことです。それは、楽しいメールにすること！　笑わせなきゃいけない、気の利いたことを書かなきゃ、ってことじゃないですよ。明るい話題が基本ってこと。

明るめの話、面白い話、彼が力が抜けちゃうような話は、ちょっと長めに。暗め、愚痴《ぐち》や弱音は、たまーに、一言くらいにすること。

これって案外、逆になりやすいんですよね。私もついつい逆になりがちだったんだけど、そうなると、もらうほうは、私からのメールが楽しみじゃなくなっちゃう。だから、明るめは長く、暗めはたまぁーに一言。ここ重要なポイントですよ！

暗い話題がタブーっていってるんじゃないですよ。たまーにだからこそ、「あれ？　いつも明るい彼女がどうしたのかな？」って、彼もドキッとして気になるのです。だから、「ちょっと悩んでることがあって」なんてメールは、ここぞ！というときに使うように。いつもいつも悩んでいる暗い子とは、彼じゃなくたって、お付き合いするのは遠慮したいなって思いますから。

基本は、相手からメールが来て、返事を送るという回数だけど、なかなか会えない、メールでのコミュニケーションが多い彼となら、朝と夜は相手からメールが来ていなくても出してオッケー。明るく、気遣う一言ね！

体調が悪そうなんて聞いたら、ともかく心配しているよっていうメールをしてね。「水分とってる？　早寝しなよー、会えないから心配なんだからねー」って感じでね。イヤなことや、大変なこと、体調が悪いときなどにやさしくされたら、いい子だなぁーって思うのは当ったり前！　顔文字とかも、多くなり過ぎずに、ほどよい加減でかわいく入れるといいですね。

ともかく恋人未満なら、さらっとしているのに、心遣いが男性にも伝わるようなメールで彼の心を癒してあげてくださいね。

癒し系の愛されテク

暗いメールは、ここぞ！というときに

Hint 16

あなたを大切にする男性の見極め方

私の場合の「いい男」は、やはり永遠に一緒にいたい相手です。永遠に一緒にいたい相手は、一回で見極めようと思わないこと。これって重要なポイントですよ。

一回でこの人が永遠のパートナーになる男性かどうかを見極めようとすると、必ず失敗します。ゆっくりじっくりと、一つひとつを確かめるくらいのマイペースで永遠のパートナーになる男性を見分けることが大事です。

相手が早急に進展（たとえば彼女として束縛しようとしたり、セックスを求めたり）を要求するのなら、それはあなたの永遠のパートナーではありません。

あせって相手のペースになると、ちゃんとした見極めができなくなってしまいます。たとえば、彼の要求に応えないと彼が去ってしまうのではないか、などという不安を抱えていては、ちゃんとした見極めなどできるはずもありません。

自分のペースで強引に進めようとする男性は要注意。強引な男性って、はじめのうちはリードされて強く愛されている気がして、なんだかうれしかったりもします。

そう、大恋愛で、深く愛されているって勘違いしてしまうんですよね。

そんなときこそ、ちょっと待った！　もう一度よく考えてみてください。

彼は、本当にあなたを大事にしてくれていますか？

あなたの気持ちや考えを十分に理解しようと思ってくれていますか？

強引さは、思いやりのない、自分勝手なものではないですか？

あなたの気持ち、あなたのペースに合わせようという人こそ、本当にあなたを愛してくれている人ですよ。二人でなんでも話し合えるような関係が築けるまで、少しずつ少しずつ見極めていってくださいね。


「癒し系」の女性は、その女性自身が癒されていることが基本です。

永遠のパートナーは、癒し、癒される、お互いが気持ちのよい関係です。駆け引きが必要な関係、挑発的、刺激的に相手の興味を引きつけるだけでは続いていくものではありません。お互いが癒し合える、ほんわかあったかい関係なのです。

癒し系の愛されテク

癒し系の女性は、癒され上手

癒し系が愛されるヒミツ
～のぐちこうしん氏（占い師）編～

外見よりもフェロモンが大事！

羽林由鶴（以下、羽）：「悪女占い」「年下占い」で有名な、のぐちこうしんさんにお伺いします。
のぐちこうしん（以下、の）：どーもです。よろしく。
羽：のぐちさんはさまざまな悩みを抱える女性から1万件以上の恋愛相談を受けてこられた実績のある二枚目占い師さんです。そこで本日は恋愛相談のプロフェッショナルとして、また二枚目男性として、そして占い師さんとして、いろいろお話しいただきたいと思います。私のところにはコンプレックスを抱えた数多くの女性、特に太め女性からの相談が舞い込みますが、率直にいって、太め女性はモテないと思いますか？
の：太め女性だからといってモテないということはありません。やせているよりも太めのほうが好きっていう人も多いのです。
羽：よかったです！「太め女性だからモテない」といわれたらどうしようかと思っちゃいました（笑）。
の：太めが好きそうかどうかということも、生年月日には傾向が示されます。占い的にいうと、生年月日には、好みの女性の傾向がズバリ出ています。
羽：それ、知りたいです!!
の：たとえば、西洋占星術では、金星と月が好みの女性に大きく関係しますが、それが水の星座（蟹《かに》座、蠍《さそり》座、魚《うお》座）にある場合、その傾向が強くなります。
羽：水の星座の男性は太めの女性が好きな傾向があると??
の：大ざっぱに女性の好みを分類すると、美人が好きな人と、かわいい人が好きな人がいますよね。かわいい人が好きである場合は、ややぽっちゃりめが好きだったりします。
羽：ややぽっちゃりめですか……。私のようなかなりぽっちゃりってのはどうでしょう？（笑）。
の：かなりぽっちゃりな女性も、あきらめる必要はまったくありません。
羽：それらの男性が太め女性を好む理由ってあるんでしょう

か？

の：水の星座の男性は、女性的なフェロモンが強く、丸みやセクシーさを感じさせる人を好む人が多いのです。

羽：ほほ～。嬉しい情報です。丸みでしたら負けませんから！

の：実際問題、かなりぽっちゃりでも幸せな結婚をしている人は多いですし、逆に「超美人」でも男が寄りつかない人もいます。恋愛には性格よりもルックスが大きく影響するのは事実ですが、目に見えないフェロモンの影響ってものは意外と強いものです。そのフェロモンに関係するのは、必ずしも外見だけではありません。長い付き合いになってくると、当然、内面的な要素が重要になってきます。格言！「美人は三日で飽きる」。

羽：安心しました!! 内面的な要素が重要。相談ではよく出会いがないとか男運がないとかいうものがあるのですが、占い師さんから見て、この点で何かアドバイスしていただけることはありますか？

の：問題は、コンプレックスが強い女性は性格的にふさぎ込んでしまいがちなことです。でも、占いには性格やルックス以外の第三の要素があります！ それは「縁」というものです！

羽：よくいう「ご縁」ってものですね？

の：実は、美人でも恋愛に「縁」のなさそうな人もいて、なかなか恋愛に結びつかない人も多いのです。

羽：縁は体形や顔だちとは関係ないのですか？

の：逆に、太めでもモテモテの女性もいます。羽林さんみたいに……。

羽：うひゃひゃ。その通りです！

なぜか同じタイプばかり好きになるとき

の：でも、縁は体形や顔だちとは直接関係がないとも言い切れません。

羽：やはり関係があるのですか……？

の：たとえば、なぜか小さいころから太め女性にばかり惹《ひ》かれてしまう人もいます。幼稚園の先生が超太めだったなんていう刷り込みがある場合もあります。

羽：ほほ～。やさしい先生が大好きだった。その先生が太めだったということですね。

の：小さいころに仕込まれていた記憶は、良くも悪くもその人の運命を大きく左右してしまいます。

羽：なるほど。

の：そういった経験が、その人にとっての運命であり、その人の将来の恋人像をすでに暗示しているのかもしれません。

羽：どうやったら運命の相手を探せますか？　太め女性代表の立場として、そのような男性がわかればとてもうれしいのですか（笑）。

の：だから、もし太めというだけで嫌うような相手であれば、縁がなかったと思って、ターゲットを変えたほうがいいかもしれませんね。

羽：なるほど。運命の相手はそんな男性でないことは明らかだということですね!!

占いの相性にこだわり過ぎると男運は下がる

の：相性を大ざっぱにいうと、「同質のものに惹かれる」「異質のものに惹かれる」というのがあります。

羽：それ、思い当たることいっぱいあります。

の：「同質のもの」というのは太め同士、お互いに悩みを共有することができて、すぐに意気投合しやすいところがあります。「異質のもの」というのは、太めの女性に対して、男性はマッチ棒みたいな相手です。

羽：あははは。うちの主人はマッチ棒です。

の：感性の点では180度違う場合がありますが、なぜか補い合ってしっくりくる関係になります。補い合う関係の相手をゲットできれば、幸せになる確率はグーンとアップするでしょうね。

羽：出会いがない、男運がないというような女性は、どういった行動をとればいいですか？

の：そういう女性に案外多いのが、占いの相性を気にし過ぎること。だから、星座にこだわって絞り込みをしないほうがいいでしょうね。相性とは、出会ったあとで考えてみるべきことです。

羽：こだわり過ぎない。私も「決め手」を考えるのは大事だけど、その中だけで出会いを考えるのは反対と、この本の中でも書いています。出会うのが本当にむずかしいんですよね。

の：相性的に性格が合うか合わないかで、一喜一憂すべきではありません。

羽：でも、正直いって、相性占いとか気になります……。

の：相性とは、「こういう部分で合わないから理解が必要ですよ！」ということを暗示するものであり、相性が合わないからダメだというような考え方をしてはいけません。

羽：そうなんですか？　相性が40％とか出ると、やめたほうがいいねって気がしちゃいますけど。違うんだぁー。

の：相性が悪い場合は、「二人でがんばって、こういう部分を補っていきましょうね！」という姿勢を持つことです。

羽：なるほど！　前向きなマインドを持っていればいいわけですね。

の：相性の良し悪しと、好き嫌いは必ずしも一致しません。好きな相手ならば、とことん理解して受け止めてあげたいとは思いませんか？　たとえ相性が悪くたって、乗り越えて幸せになることは可能です。逆に相性がいかにいいといっても、縁があるとは限りません。

「縁」は動かないと来ないけど、あせる必要もない

羽：縁を取りこぼさない方法があったら教えていただけますか？

の：縁を取りこぼさない方法は、小さいころに同じようなものや、国、時代、食べ物、そのほか何か特別な共通点を持っている相手が運命的な相手である可能性が高いと思います。そのような相手を発見したら、まずはあせらないで、友達になってみること。じっくり話し合いをしている中で、お互いの共通点を感じ合うことです。部屋の中にじっとしていても相手は絶対に見つかりません。でも、今の時代はインターネットでの出会いもありますし、可能性は無限にあります。

羽：縁を取りこぼさないようにするためには、アンテナを張っていることが大事だということですね。お部屋の中にじっとしていたら、すぐ近くにいる運命の相手も見つけられないですものね。

の：そのためには、自分自身の趣味や考え方などを正直に表現できることが必要不可欠です。

羽：ありがとうございます!!　大変タメになるお話がたくさんあって、私もビックリでした。☺

3章

男性がもう一度会いたくなる魔法

〜デート&お付き合い編〜

Hint 17

彼がどんどん好きになる会話のポイント

「彼は私と一緒にいると楽しくて、知らないうちに微笑《ほほえ》んじゃうんだって……」

こんなふうにいえたら最高に幸せなのではないでしょうか!! 彼を楽しくさせせなきゃってがんばるんじゃなくて、二人でいることで自然に微笑んでしまうようになれたら、そりゃあもう永遠に一緒にいたいと思うのは当然ですよね！

「癒し系」の女性と一緒にいる男性は、なんだか知らないうちに微笑んでしまうんですよ。

とはいっても、いきなりだれかを楽しませるなんて、私だってむずかしいです（笑）。

あなたが楽しいと思う会話ってどんなものですか？ イメージしてみてください。

たとえば、明るい笑い声、共感できる思い、面白い話、興味のあること、意外性のあること、不思議なこと……いろいろあると思います。

あなたがテレビドラマ好きであれば、ドラマのストーリー（今後の展開予想）や出演俳優についての話は興味があり、面白いと思うかもしれません。好きな俳優が同じとか、ドラマの展開予想が同じであれば共感できますね。そして、そんな会話にはたくさんの明るい笑い声が伴うものです。

これはあくまでもたとえ話ですが、わかりやすいでしょう？

じゃあ、彼がドラマ好きでなかった場合はどうでしょう。はっきりいって退屈です。もしかしたら、くだらないとか、オタクっぽいとか、悪いイメージすら持たれてしまうことがあるんです。そう、もう気づきましたよね。彼のことを知らないと、彼が楽しいと思う話はできないんですよね。

「どうしよう。困ったわ。私は彼の好きなことがわからない」

「彼が好きなものはサッカーだけど、私はサッカーに詳しくないの」

彼が好きなことがわからなければ、彼に聞いてしまいましょう。

とはいっても、いきなり「何が好き？」では会話になりません。

あなたが好きなこと、興味があること、これからやってみたいことなどをほんの少しだけ話し、それから彼に尋ねればいいのです。「あなたは？」と。

前置きに、あなたが好きなこと、興味があること、これからやってみたいことなどをたくさん話してはいけません。

運よく彼にもあなたと同じ好きなこと、興味があること、これからやってみたいことがあれば問題ないのですが、ほとんどの場合は違います。

「あなたは？」と促したことで彼が話し始めたら、楽しい会話の半分は成功です。

誰でも、自分の好きなこと、興味があること、これからやってみたいことなどを話すことが好きです。

くだらないと思われないかな、馬鹿だなって思われないかな、自慢話だと思われないかな……いろいろな理由で、最初はみんな語りたがらないだけです。

自分の好きなこと、興味があること、これからやってみたいことなどをちゃんと聞いてくれる相手には、もっと話したくなるものです。

では、その話を聞いても、あなたが興味を持てなかったり、わからなかったりした場合はどうしたらいいのでしょうか？

あなたが興味があるのは彼。彼の話の内容が興味を持ちにくいものであったとしても、うれしそうに、楽しそうに、得意気に、あなたに向かって話しかける彼を見るのは、あなたにとってうれしいことでしょう？　ですから、問題はないのです。

「でも、彼の話してることがよくわからないの……」

そんなときこそ、チャンス！

話の内容がわからなかったら、彼に聞けばいいのです。

「へー、そうなんだぁー。その○○って、どういうこと？　もっと知りたいなぁー」

必ず最初に、共感する言葉、尊敬を表す言葉（「へー、すごいねー」など）を入れたあとで質問をすると、彼は喜んで説明を始めます。

「ちょっとむずかしいよ」とか、「あんまり面白くないよ」とか一言つける男性が多いけど、気にしないでください。本当にそう思っているのではありません。あなたに話すのがイヤだからそういう言葉を使うのではないのです。実はまったく逆！

自分の話に興味を持って聞いているあなたに、彼は気持ちよく話を続けるはず。

彼がどんなことが好きで、どんな考え方をして、どんな価値観を持っている人なのかがどんどんわかりながら、どんどん彼に好かれてしまう。聞き上手は「癒し系の女性」の必殺技なのです。

癒し系の愛されテク

癒し系の女性には、彼がどんどん話したくなってしまう

Hint 18

「癒し系の女性」の愛される表情って？

私はおしゃべりが大好きです。

大好きな人の話を聞くのももちろん好きですが、実は、自分のことを話すのはもっと好き！

そんな私が聞き上手になれたのは、自分が話すのが好きだったからこそなんです。

私がすごーく気持ちよく話せるときは、相手も楽しそうに聞いてくれていたとき。相手の表情や相づちで、どんどん新しい話も出てくる。自分の考えていることもはっきりしてくる。新しい自分も見つかったり。そして、そうやって話を聞いてくれた相手のことは好きになっちゃったりするんですよね。

でも、あるとき、ふと気づくと、私の話を聞いている男性の表情がつまらなそうだったことがあったんです。私は自分の好きなことを話していたので、そんな彼の態度がショックだったんですよね。

それで、気づいたんです。

彼だって、聞くだけじゃなくて、話したいんだよなぁって。

その彼とはうまくいかなくなってしまいましたが、大事なことを教わりました。

それからは、話すことだけじゃなくて、聞き方もいろいろ研究しました。その中で効果的なのは、やっぱり表情です。

では、彼があなたを愛さずにいられない表情テクを公開しちゃいましょう。

それは、話を聞くときのあなたの表情、具体的にいうと、相づちを打つときの声、うなずき方などです。何度でもあなたと話したいと思わせるテクニックです。彼があなたと話すと癒され、そんな彼を見てあなたも癒される……。そうなったら、もう二人の会話は止まりません。

あなたは、自分がどんな表情で彼の話を聞いているか知っていますか？

たとえば、あなたが楽しい話をしているとき、相手がつまらなそうな顔をしていたらどう思いますか？　言葉でいくら楽しいといってくれたとしても、あなたはきっと相手が退屈しているのだと思うでしょう。

というわけで、**オススメの愛される表情テクは、「喜怒哀楽で相づち」**。

相手の話に同調して、悲しい話には悲しい顔で、怒ってるときは怒った顔で、そして楽しい顔のときは笑顔で相づちを打つのです。

「ムリムリ。そんなのできない。恥ずかしいし」

ほんの少しの練習で格段に素敵な女性になるのに、早くも降参宣言なんてもったいないですよ～。表情を豊かにすることで、かわいらしい女性を演出することができるんですよ。

たとえば、生き別れの家族と再会するような番組では、必ず涙を流す司会者やゲストがアップで映されます。見ている人も思わず一緒に泣いてしまいます。あなたの表情を彼は見ているのです。そして、あなたの表情につられてしまうのです。これって不思議ですが、本当なんですよ。

彼の楽しい話を聞いて笑ったり、苦労話を聞いて「大変だったんだねー」とちょっとしかめっつらをしたり、彼がケンカした話を聞いて、一緒に相手のことを怒ったり……。言葉だけでなく表情を変化させると、彼の話はますます盛り上がり、またあなたと話がしたいと思うのです。

このときのポイントは、楽しい話は二倍楽しくなるように、表情も二倍に！

怒った話、悲しい話のときは、一緒に怒ったり悲しんだりしたあと、にっこり笑って、「私はぜぇーったい○○くんの味方だよ！」などのフォローを入れて、あまりマイナスの気持ちが続かないようにすること。

大事なのは、「この子と話してると楽しいなぁ」って彼が思ってくれることだから、ちょっとした愚痴《ぐち》に大げさに同調してしまって、彼の怒りや悲しみを増幅させたりしないこと。深刻な話のときは、静かに聞いているだけで彼のほうで気持ちが落ち着くもの。ゆったりと構えて、彼のすべてを受け入れるつもりで聞いてあげると、とても感謝されますよ。

さらに、表情を豊かにすると、自然に声のトーンにもバリエーションが出てくるもの。これも相手を楽しませるのにとっても効果的です。さらに意識して、彼の話の内容に合わせて声の高さや大きさを変えるように心がけると、声にもより豊かな表情が生まれますよ！

癒し系の愛されテク

表情豊かな相づちで彼を癒す！

Hint 19

誘われ上手、してもらい上手な女性の秘密

「彼にもっと○○してほしいんだけど、全然してくれないの」

こういう女性の声ってよく聞くけど、実際は男性もおんなじことをいってるんですよ。お互いに「○○してほしい」って思うことは多いけど、それを表に出さない人が多いってことですよね。

「いわなくてもわかってほしい……」とか、「理解してくれない」とか、なんだか相手のほうが悪くて、自分は被害者みたいに感じちゃうんですよね。

ところで、あなたは彼がしてほしいって思うことをちゃんとしてあげてますか？

「絶対してる！」。そう思えたらいいですね。でも、ほとんどの人は「うーむ、どうかなぁ？」って感じじゃないかしら？

「絶対してる！」って思った人だって、本当に彼がしてほしいこととぴったり合っているかどうかはわからないですよ。

ということは、あなたが彼にばかり求めてもダメってことですよね。

私も前はひどかったんです。

たとえば、次のデートを決めてほしいって思ってるんだけど、大好きな人からなかなかお誘いがかからない。まだ恋人までいかなくて、なんだか話が盛り上がって出かけた初デートは、彼にとってもすっごい楽しかったはず……。なのに、なかなか次のデートのお誘いがない。

今度のデートはいつなのかなぁ、ってゆーか、もうデートしないのかなぁ?

なんて一人でイライラしたり、ブルーになったり。最終的にはもう二度と誘われないんだって自分で決めちゃって、一人失恋モード。

今の私が、この過去の私に一言いうなら……、

「あーあ、もったいなぁーい!!」

では、今の私だったらどうするでしょう? たとえば、次のデートを決めてほしいって思っているのに、大好きな人からなかなかお誘いがかからないとき。

さっそく彼に電話します! それで、**「この間のデート、すっごく楽しかった。ねえ、次はどこに行く?」**。こう聞きます(笑)。

え？　いわなくてもわかってほしいですって？　はっきりいって、それは無理です（笑）。でもね、これを何度か繰り返すと、彼は私をデートに誘っていいんだ、誘うのが当たり前だって思ってきちゃうんです。そこで、「あのとき話してた映画が始まるよ。いつ行く？」みたいなお誘いが自然にやってくるわけです（笑）。

彼に微笑んでほしかったら、まずはあなたが彼に微笑んでくださいね。
やさしい言葉がほしければ、まずはあなたが彼にやさしい言葉をかけてね。

あなたと同じように、彼も言い出しにくいだけなのかもしれません。

「癒し系」の女性は、自分の考えをきちんと言葉で伝えます。そして相手の言葉をきちんと聞きます。探り合うような二人だと心休まらないでしょう？　永遠のパートナーとリラックスして付き合いたいよね。

あなたが彼にしてほしいことがあるなら、あなたのほうから先に彼にしてあげてくださいね。そして、彼があなたのしてほしいことをしてくれたときは、大げさなくらいに喜んでね!!

癒し系の愛されテク

してほしいことは、先にしてあげる

Hint 20 ちょこっとスキンシップで、ドキドキさせる

女性からのアプローチってむずかしいと思ってませんか？

特に、付き合ってるの？　付き合ってないの？　みたいなビミョーな時期は、ちょっとしたスキンシップが彼をドキドキさせて、一気にラブラブモードに発展することもあるんですよ。


その際にやってはいけないのは、暗い場所や夜、雰囲気のいいバーや、あまりにできすぎたシチュエーションとかでのスキンシップ（たとえば、もたれかかったり、ひざに手を置いたりね）。これは男性をものすごく勘違いさせちゃう。

「この女性はこういうことに慣れてるのか？」とか、「もしかして、誘ってる？」とかね。でも、これが昼間で、明るいシチュエーションだと、なぜか、かわいいなぁ～って思っちゃうらしいのです。

スキンシップにとって重要なのは、そのＴＰＯなんだよね。

だから、自然に、明るく、あっさりとコミュニケーションの一つに使うと、ものすっごく効果的。好感度アップはまちがいなし!!

じゃ、具体的には？

たとえば、肩や腕がたまに触れちゃうくらいの隣を歩ってみよう。たまーに接触したときに、「あ、ごめんね（にっこり）」って極上スマイル。

信号を渡るときや、ちょっと狭いところを通るとき、足場の悪い道、彼の服をちょっとだけつかむ。

雨が降ったときに彼が傘を持っていなかったら、明るく、冗談っぽく、「ご一緒しませんか？（笑）」と声をかけて傘を持ってもらうんだけど、相合傘《あいあいがさ》ってなかなか呼吸が合わないとどっちかが濡れちゃうから、「一緒に持つよ」とほんのちょっぴり傘に触ることもアリ。

物を渡すとき、服に糸なんかがついているとき、どんどんちょこっとスキンシップをしていきましょう。

あなたがいろんな妄想をしてしまうとできなくなっちゃうからね（笑）。自然に、明るく、あっさりと！　これが基本ね。

最初はむずかしかったら、彼が荷物をたくさん持っているときに「持ってあげようか?」って声かけてみて。「サンキュ」っていわれて彼のお手伝い。物を介してのコミュニケーションも、ちょこっとスキンシップに入るからね。

スキンシップの一番の醍醐味は、体温を伝えること。

あなたの体温を彼に伝えると、なんとなぁーく親しくなってしまう。

TPOをわきまえて、自然に、明るく、あっさりしたちょこっとスキンシップを繰り返すと、彼はあなたにどんどん注目していくこと間違いなし!

癒し系の愛されテク

ベッタリよりもサラッと、夜よりも昼間が効く!

Hint 21

フツーの会話、さりげない仕草が愛される理由

まず大事なことは、完璧な女性になることはない！ってことです。

男性は、「彼がいてよかった」って思ってくれる女性が好き。

そう、「何でも一人でできて、強くて元気」じゃ、入り込む隙間がないって思っちゃう。それよりは、ほんのちょっとドジなくらいがかわいいって思ってしまうんですね。

「俺がいないとダメなんだからぁー」ってね。まあ単純です（笑）。

だから、あなたが完璧でなくても、完璧な女を目指したりすることはないんです。

万が一、すでにあなたが完璧な女でも、「私は一人で平気。何でもできるし、男なんて必要ないわ」なんていう態度をとらないこと。


美しくてスキルもあって、バリバリのキャリアウーマンだって、一人のときは寂しかったり、たまのお休みはデートしたりしたいですよね？　だったら、素直

にその弱い面を見せることも時には大事。


弱みを見せるのは絶対イヤ！　プライドが許さない、とかいう考えもあるだろうけど、ずっと一人でいるのとどっちがいいの？って考えてみてください。

かといって、あんまり甘えた声や話し方は一番避けてほしいこと。

最初はかわいいって思う男性もいるかもしれないけど、どこでもそんなことをしていると、「あいつはだれにでも媚《こ》びてる」って感じの悪い噂が立っちゃうかも。

だから、付き合い始めて二人っきりになる時間に、ちょっぴり甘えんぼモードはアリだけど、大勢の中では絶対にダメ!!

完璧で、なんでも一人で大丈夫っていう女性も、べったべたにかわい子ぶってる女性もNG。

だったら、どうすりゃいいの？って思いますよね。

あなたのままで!!

そう、これが正解。

そして、明るく、さわやかにね。決してじっとりと暗くならないように。

いつも通り普通でいいから、会話やコミュニケーションを楽しむことは忘れないで

ください ね。

一緒にいる人たちみんなが楽しく気持ちよく過ごす時間を、あなたの一言や態度が決めてしまうことがあるってことを忘れないでね。

気が利く女性（メニューの向きを考えて、開いて渡してあげるとかね）、だれにでも親切でやさしい女性は好かれます。

話し方はごくごく普通で、それでもってちょっぴり気が利いて、だれにでも親切でやさしかったら、男性はとっても素敵な女性だなぁって思っちゃうのです。

癒し系の愛されテク

いい女は、完璧じゃなくて素直な女性

Hint 22

別れ際に「また会いたいね」といわれるために

楽しかったデートも終わりに近づき……別れるときにいわれたいことといったら、「また会おうね」ってセリフですよね。「今度いつ会おうか」なんて、そこで次回のデートの約束ができたら最高☆です。

デートの終わりに、また会おうねっていわれるのって、すごーくカンタンなことなんですよ。それは、彼が「また会いたい相手」にあなたがなってしまえばいいのです。

では、彼がまた会いたい相手って？

それは、この人と一緒だとすっごーく楽しい～って思う相手じゃないかしら？

彼があなたと一緒にいて楽しかったら、絶対また会いたいよね。

じゃあ、どうしたら彼がそう思うのかというと、実はこれって些細なことなんです。

彼があなたと一緒にいて楽しいと思ってしまう言葉があるのです。

それは、

「一緒にいると楽しいね」

これだけです。

簡単過ぎて拍子抜けしました？　たしかに超シンプルだけど、すごい効果がある一言なんですよ。それでいて、案外このことを彼に伝えてない人って多いんです。あなたはどうですか？　彼との時間を楽しんでるってことを彼に伝えていますか？

男性は、あなたが思っている以上に、あなたが楽しんでいるかどうかを気にしているもの。デートで女性を楽しませられたかどうかは、男としての力量を試される重要なポイントなんです。

彼はあなたがすっごく喜んでくれたら気分がいいんです。あなただって、一緒にいる人がつまんなそうだとイヤでしょう？　だから、恥ずかしいからといって、つまんなそうにしちゃダメなのです!!

デートの間、ずっとあなたが楽しそうにしていて、しかも帰り際にもう一度、「一緒にいると楽しいねー」といったとき、楽しくないよ、という男性ははっきりいっていません!!

たまに「そっかぁ?」とかいう人もいますが、これは男性の側のテレだったりするので、そんなときも決してひるまず、「うんうん、〇〇くんと一緒にいるとすっごーく楽しい～」とさらにもう一度いえばいいのです。あなたの極上スマイルをぜひぜひプラスしてください。そうなれば、「だねー」と彼も照れ笑い。

ここまでくれば、もうすっかりラブラブいちゃいちゃモードです。

その場で次の予定を決めてもいいし、その夜にでも、ありがとうのメッセージとともに、次のデートのお誘いをしてみてください。

「いつかまた……」「今度……」「そのうち……」という言葉は避けて、はっきりした日程と、そのデートメニュー（映画とか遊園地とか）を伝えると、彼ははっきり次のデートをイメージできるので、次回のデートがすぐに実現しますよ。

いっそがしい彼で、なかなか日程が読めないよってこともあるかもしれません。そのときも、私のことはやっぱり好きじゃないかも……というような落ち込み方はしないこと。彼の中であなたに対するイメージが暗くなってしまいますから。

あなたがそれを出すつもりはなくても、なんとなく伝わるものだから注意してね。

女性は、自分で思っている以上に感情が表に出やすいものなのです。

男性は甘えられるのがけっこう好きな人が多いもの。だから、そういうときは落ち込むんじゃなくて、ほんのすこーしだけ寂しがって見せましょう。

「そっかぁ。いそがしいんだね。私はすぐに会いたいけど、むずかしいんだね。じゃさ、じゃあさ、お仕事がちょっぴり暇になったら電話ちょうだい。メールだけじゃ寂しいからね。楽しみにしてる!!」と明るいトーンでおねだりしましょう。

彼も明るいトーンで、「はいはぁーい。楽しみにしててね（笑）」

と答えてくれますよ。

癒し系の愛されテク

「楽しかった！」で安心させてその気にさせる

Hint 23
彼からのメール、もっと返事がほしいときは……

「メールの返事がなかなか返ってきません」とか、「あんまりメールしたらウザがられませんか？」とかいった相談をけっこういただきます。

これって、もっとメールしたいっていう女性が多くて、なかなか返事をくれない男性も多いってことですよね。よくわかります。男性からのメールの返事がなかなか返ってこないのは、メールの内容が悪いからとか、相手のことが嫌いだからということが原因でない場合がほとんどです。

男性は「返事をちょうだいね」といわないと返事をしなくていいと思っている人もいるもの。たとえば、「昨日の映画、楽しかったね。今度は遊園地に行きたいなぁ」と書いても、これでは返事がほしいのかどうかわからないのです。

もし、あなたが彼にアプローチをかけるのなら、

「昨日の映画、楽しかったね。来週の日曜日は遊園地に行こうよ」

このくらいきっぱりと日時を指定するくらい、はっきり書いてください。

そして、**一つのメールでの質問は一つだけ。**一つのメールでいっぱい質問しても、全部は答えてもらえません（笑）。

男性へは長いメールを送るより、用件のわかりやすい短いメールを送ったほうがほしい返事がもらえます。ぜひやってみてね。

メールで育てる恋は、会えない時間をつなぐもの、会ったときの楽しかったことを思い出させるもの。また会いたいなって思わせるきっかけ作りのためにね。

そうそう、「電話していい？」なんていう突然のメールは彼をドキッとさせるよー。

急になんだろ？　何か用事？　そんなふうに思うから。

電話したら、いつもと同じように明るく楽しくお話ししてね。

「なんか用事だったんじゃないの？」って聞かれたら、「話したかっただけだよぉん」とでもいって、きゃははと笑ってみましょうね。

癒し系の愛されテク

男性が答えやすいメール・テクを使っちゃおう

Hint 24 二人の人と付き合ってみる

二人の人と付き合ってみるというのは、二股をかけよう！って話ではありません。

どちらの人とお付き合いをするかで迷っているのなら、二人の人と付き合ってみましょうってこと。

二人の人がそれぞれ魅力的で付き合ってみたいと思っているのか、どちらも決め手になる魅力もなくて決めかねているのか。あなたはどちらですか？

それによっても話はまったく違ってきます。

二人ともそれぞれ魅力的で一人の人に決めかねている場合、どちらがあなたにとってパートナーとして永遠に続く魅力を持っているのかを判断するために、二人の人とお付き合いすることは大事です。**ポイントは、永遠に続く魅力であること!!**

あなたが接していく中で、どちらが永遠のパートナーとして本当に魅力的なのかをじっくり見極めることが大事です。

どちらの人もそれなりで決めかねている。そんな決め手に欠ける相手なら、二人の人と付き合ってもっと別の魅力を知るのもいいし、二人の人と付き合わないこともいいでしょう。別のだれかが現れたら、その人と付き合ってみるのもいいですよね。

要するに、あなたにとって永遠のパートナーになるかどうかの分かれ目ですから、そこは十分慎重にならなくてはいけません。

私はこの人と永遠に一緒にいたい！　この人のオンリーワンになる!!　というような強い気持ちが持てないと、たとえばケンカをしたときなどに、**「あっちにすればよかったぁ。そしたらもっと幸せになれたはず……」**というような後悔が生まれる恐れがあります。ですから、いきなり深い付き合いをするということではなく、ゆっくりと相手を知っていくというお付き合いがいいですね。

あせって一人に絞り込む必要はありません。冷静に平等に見極めて、最後に一人を選べばいいんです。優雅にいろんな男性とお付き合いしてみましょう。

癒し系の愛されテク

じっくり相手を見極めるのは、お互いにとってよいこと

4章

彼がホッと心を許す瞬間を知る

～セックス&プロポーズ編～

Hint 25
彼からの「特別な人」宣言がほしいあなたへ

素敵な人と出会っても、すぐにお付き合いができるかどうかはわかりません。これはどんな美人だっておんなじ。

お付き合いも、はっきりと「付き合ってください」という言葉に始まるとも限りません。

むしろ、はっきりとした告白がないまま、自然に付き合い始めるケースのほうが多いものです。

最近顔を合わせる機会が多いというあたりに始まって、なんだか一緒にいると楽しいとか、私も彼もよく笑っているとか、趣味が同じとか、興味が同じとか、きらいなものが同じとか、なんだかバイバイをいって別れても、すぐにまた会いたくなる、などといった状態であれば、あなたは彼がかなり好きなわけで、もし彼も同じ思いを抱くようになれば、自然と一緒にいる時間が増え、自然に手をつなぎ、時に抱き締めてキスすることもあるでしょう。

でも、そんなときこそ、私はまだ好きだといってていない、好きだといわれていない、私って彼のなんだろう、と思ってしまうこともあります。

そんなとき、つい聞きたくなりますよね？

「私って、あなたの何？」と。

すると彼は考えます。あなたが彼にとってどんな存在なのか。

はっきりした答えが出ているときは問題はないのですが、まだそこまではっきりした感情に気づいていないとすれば、「なんだかわかんない」という結論になってしまうこともあります。

そこからあなたが「私たちって付き合ってるんじゃないの？」などといっても、いったんわからないと答えを出した彼ならば、それも「わからない」と返事する確率が高いのです。

そして誠意のある男性は、「今のままではまずいな。これ以上先に進むのはやめておこう」という結論になるようです。

セックスに進む前に、彼女としての地位を完全なものにし、安心した気持ちで、彼とのセックスを楽しみたいと思うのは、女性であれば当然ともいえます。

しかし、それをこのタイミングで聞いてしまうことは最も避けなければなりません。

「でも、彼との関係がはっきりしないのにセックスして、ふられるのはイヤだわ」

というあなた。

だったら、はっきりさせちゃいましょう！

ただし、「私って、あなたの何？」なんて言葉を使ってはいけません。

それでは、どんなふうにすればはっきりさせることができるのでしょうか。

あなたと彼は一緒に過ごすことも多くなりました。それは一緒にいると楽しいからですよね？

一緒にいると安心するし、何より、もっともっと一緒にいたいから。

だとしたら、「私って、あなたの何？」ではなくて、

「一緒にいるとすごく楽しいね」

こういいましょう。

彼もきっと同意してくれるはずです。「うん、楽しいね」と。そうしたら続けまし

ょう。「一緒にいる時間がどんどん楽しくなってるよ。最初のころよりもずーっと楽しい！」

こういうのです。彼もきっと同意してくれるはずです。

「うん、どんどん楽しくなってるね」

さらに続けましょう。

「これからも一緒に楽しいことをいっぱいしようね」

彼は当然、「うん！　一緒にいっぱい楽しいことをしよう！」

最後に、あなたからダメ押しです。

「やっぱりあなたは特別な人だな」

できるだけ軽くいいましょう。じっとり重くならないように。

そこまでいえたら成功です。

もし万が一、「うん、〇〇ちゃんは僕にとっての特別な人」

ここまで返事してもらえたら大成功です!!

あなたが彼を特別な人と思っていることが伝えられただけでも十分です。

彼がちゃんとその言葉を聞いていてくれたら、彼はきちんとあなたの存在を認識するからです。

しかも、楽しい楽しい、二人でいると楽しいと連呼したあとであれば、彼はすごく楽しい気分であなたのことを認識するのです。

もしかしたら、その場でキスすることになるかもしれません。

そうなれば次の段階に進むのも時間の問題ですし、あなたも彼もお互いを大事に思う気持ちがいっぱいの中でセックスすることができるでしょう。

彼の心を探るのではなく、あなたの心を言葉で伝えることで、彼も安心して気持ちよく心の内を明かしてくれます。

これが「癒し」テクニックです（笑）。

癒し系の愛されテク

楽しい雰囲気作りと素直な言葉遣いを

Hint 26 「はじめて」のとき、覚えておきたいこと

「私は○歳なのに、まだ男性との経験がないんです……」

こんな相談をよく受けます。まるで「私には魅力がないから……」というように、恥ずかしいこと、ダメなことを告白するようなそんな様子で、ぽつりぽつりと話してくださいます。経験がないぶん、いろいろな情報に惑わされ、必要以上の不安や期待もあるようです。

一番心配なのは、どういう態度をとったらいいのかわからない、ということですよね。

「テレビドラマで見るようなベッドシーン……。でも私はスタイルもよくないし、色っぽくもない。裸になるなんて恥ずかしいし、痛いのかな、血が出るのかなぁ……」

「もし私が全然経験がなくて、はじめてっていったら引くんじゃないかな……。モテない女なんだって思われるのもイヤだし、責任取らされるのは重いと思うかもしれな

いし……」

頭の中で考えれば考えるほど、不安なことばかりが増えていきます。

素敵な彼とお付き合いを始めても、セックスに関してひどく抵抗してしまい、結局は別れることになるというケースも少なくはないようです。

あなたは大好きな彼に心をすべて見せられますか？

最初からすべてを見せることは無理ですよね。勇気もいりますし、彼のタイプなども関係するのですが、できることなら彼にあなたの気持ちを少しずつでも話すことでいい方向へ進む可能性が大きくなります。

男性もやはり最初に女性を誘うときには勇気がいるのです。

特に本気で好きな人であれば、軽い気持ちで誘うわけにはいかないでしょう。

そのとき、わけもわからず何度も断られたり激しく抵抗されたりすれば、「彼女は僕を嫌いなのかもしれない」と思ってしまったとしても仕方がありません。

あなたが彼と手をつなぎたいと思ったときに、指先が触れた瞬間に払いのけられたらどう思いますか？

同じことです。

あなたをオンリーワンと考えている男性であれば、あなたが素直に彼の誘いに応えられない事情を聞いたとき、一緒に考えて解決していこう、戦おう、僕が守ろうと決心するものです。

そこでもし、それならバイバイという男性は、今後さまざまな問題が起こるたびに別れを告げる可能性がある男性だと思ってください。

それ以前にあなたがどんなイヤな思いをしていたとしても、いつもあなたに寄り添って、あなたと一緒に戦い、あなたを守り続けようとする彼になら、まずはゆっくりゆっくりと心を開き、いつか二人の子供に会いたくなる日がくるかもしれません。

あせってはいけませんが、あきらめる必要はありません。

あなたのオンリーワンになれる彼かどうか、そしてあなたがオンリーワンになりたい彼かどうかを見極めるチャンスです。

よく見て判断してください。

癒し系の愛されテク

「あせらない＆あきらめない」が大事

Hint 27

ベッドインの勇気が出なかったら……

私の場合、服を脱ぐということに大変な抵抗がありました。

服を着ていてももちろん体形はわかりますが、脱いだら予想を上回るほどで、嫌われてしまうのではないかという不安と、そんな自分を見せるのが恥ずかしいし、イヤだという思いが強くありました。

お付き合いを始めて手をつなぐようになって、キスすることがとてもうれしくて、ドキドキして、髪を撫でられたりするととても気持ちがいいのに、抱き締められそうになるとスルリとかわしてしまう。

それは、抱き締められたら太っているのがわかるから（抱き締められなくてももちろんわかるんですけどね）。

彼の腕が回らなかったらどうしようとか、今思うとどうでもいいようなことに心を痛めていました。

部屋に誘われて二人並んでテレビを見ていたりして、ふとした瞬間にキスされて、本当にうれしいのに、彼の指がボタンにかかった途端、「もう帰らなきゃ」といったことが何度もありました（笑）。

もちろん帰りたくはなかったし、彼も帰ってほしくはなさそうでしたし、こんなことを繰り返しながら、結局ふられたこともあります。

「僕のこと、そんなに好きじゃないんでしょ？」

というのが最後にいわれた言葉でした。

もちろん「違う。大好きだよ」といいましたけど、彼は私のオンリーワンになれる彼でも、私がオンリーワンになりたい彼でもなかったということでしょう。

当時はふられたという気持ちが強くてショックでしたが、今振り返ると、私のほうが彼を傷つけてしまったかもしれないと思います。

最初は、実際の行為はもちろん、特別な雰囲気に大変戸惑います。

そのませっかくの大切な日を台なしにしたくないと思うなら、正直に彼に話してしまいましょう。

あなたがバージンであることを嫌う男性は、まずいません。

もし彼が、あなたがバージンであると告げた段階で行動を変える男性だとしたら、よく見極める必要があります。

タイプ1　ここで抱いたら一生つきまとわれるのではないかと、あなたがバージンであることに嫌悪感を示す、躊躇《ちゅうちょ》する。

これはもちろんオンリーワンの彼ではありません。そんな男性とあなたの大事な時間を共にするのはもったいないような気がします。

タイプ2　無理はしなくていいからね、というようにセックスを中断する。

この男性は、あなたを大事に考えていると思います。あなたの気持ちを優先して考えようとしていることがわかるでしょう。実際にゆっくりと時間をかけて、あなたが本当にこの彼と……と思うときまで待ってもらいましょう。

そのほうが、きっと二人とも一生思い出に残るような素敵な時間を共有できると思います。

癒し系の愛されテク

バージンをイヤがる相手は要注意

Hint 28

彼が誘いたくなる女性になる方法

「女の子のほうからあまり積極的に誘うのはどうかな？　遊んでるように思われない？」

これもよくある質問です。

特に素敵な彼との最初のときは、やはり彼のほうから誘ってもらいたいと思う気持ち……よくわかります。

私も以前は「なんで誘ってくれないのよぉー」と心の中で思っていることがしばしばありました（笑）。

「誘ってもらえない」と考えると自信がなくなります。不安になります。もしかしたら、私のこと好きじゃないの?とか、女として魅力がないの?とか……。だんだん誰からも誘ってもらえなくなりそう、という気がして、どんどん寂しくなりました。

そのくせ、ちょっとしたセクシートークも拒絶!!　私はそんなことには関心がありません。超純潔です!っていうイメージを保とうとしていました(笑)。

男友達に、「私って、女としての魅力ないかなぁ? だぁーれも誘ってくれないよ」と飲んだ勢いで話したら、

「え? ユズって男嫌いなんじゃないの? なんだか誘ったら殴られそう(笑)」

との答え。マ、マジっすか?って思いました。

男性が誘いやすい女性とは、やはり少しくらいスキがあるほうがいいわけです。

まったくスキを与えない女性をベッドに誘う勇気がある男性はそうそういません。男性だって断られるのはイヤですからね。まったく可能性のない相手に挑んではいかないのです。

だからといって、だれとでもベッドを共にするというような前宣伝がある女性には、そういった付き合いだけを望む傾向にあります。

ですから、オンリーワンとして彼に誘ってもらうには、お付き合いの中で彼に少しずつアピールすることが最もよいと思われます。

アピールとは、実際にどんなことを指すのでしょう。

そこで、『些細なこと』から始めましょう!

たとえば、ちょっとしたときに、彼に触れるのです。

手をつなぐときだけでなく、ネクタイや服を整えるように、座っているときにひざに手を置いたり、もたれかかったり。これは「穏やかな気持ちで一緒にいます。大好きですよ」というアピールです。

そして言葉でも、たとえばテレビや雑誌を見ながら、「こんなところに一緒に旅行に行こうよ！」といった感じです。

そして最も重要なポイントは……、

すべて明るく爽やかにすること！

夜のバーなどでのそういった行為は、慣れている女性のように思われがちです。でも、休日の昼間の明るい雰囲気のデート中であれば、かわいいイメージを与えられます。ここがポイントですよ～。

夜や暗い照明などの、いかにもの場所やシチュエーションは避け、明るい場所でさりげなくアピールしておきましょう。

彼の頭の中に、あなたに対してかわいいというイメージをインプットすること、そして触られた感触など、与えられた刺激によって、とてもいいイメージと期待を持たせることが可能です。

そして、夜や少し暗めのオシャレなデートのときに、あなたが彼の手をギュッと握ったりするだけで、無意識に彼は以前のあなたとの会話や触感と、よいイメージや期待を感覚的に思い出して行動に移しやすくなるのです。

彼に誘われたとき、「えー」とか、「別にいいよ」とか、わざとつまらなそう顔をしてはいけません。

特に言葉は必要としませんので、恥ずかしげに首を一回、タテに振るだけで、男性は自信を持って次の行動に移れるでしょう。

癒し系の愛されテク

誘いたくなるタネを上手にまくこと

Hint 29 セックスのときは……

あなたがバージンであれ、セカンドバージンであれ、そうではなくて、それなりの経験者であっても、彼になった人との最初のセックスはある程度緊張するでしょう。あなたのことを彼がどう思うのか、下着やムダ毛や体臭まで、何から何まで不安です。

私も大好きな人との自然なコミュニケーションと思えるまで、セックスを試験のように感じていたことがありました。この試験に合格しなければ、ここでさよならになる！　そう考えたら、もう緊張しっぱなし。ますます自分にプレッシャーをかけてしまい、もう何がなんだかわかりません。

甘いささやきも、彼の愛撫もあったもんじゃありません。私の頭の中は、失敗をしないことばかりに集中しているのですから（爆）。これこそが大失敗だと気づいたのは相当たってからですねぇ～（苦笑）。

あなたが彼を愛しているなら、「また彼があなたを誘ってくれるか」がとても気になるのは当然ですよね。

でも、セックスのときの態度や声について、あなたが失敗を恐れるあまり、お人形のように身動きしないようになってしまっては、彼のほうが不安になります。

バージンのあなたは、先ほど説明したように、前もって彼に話すことで彼主導で進むでしょう。

それでもすべてを彼任せにするということではありません。

セックスの途中で、彼がこの時間をどんなふうに思いながら過ごしているかによって、あなたとのセックスが好きになるかということが決まります。

あなたとのセックスが、楽しい、うれしい、興奮する、素敵だ。どんな言葉でもかまいませんが、彼にとって魅力があることが大事です。

とはいっても、**最初のときに、それほどすばらしいと思わせる必要はありません。どちらかといえば、もう絶対にイヤだと思わせないようなセックスであればいいんです。**

たとえば、あなたがバージンであれば、彼はあなたが彼とのセックスが好きになるようにいろいろ教えようと思うでしょう。

同じように、バージンでない人も、最初によほど彼がイヤな思いをしなければ、今日は最初だったから緊張していたみたいだけど、今度はきっと楽しくなると期待してもらえるでしょう。

期待してもらえれば成功です。そうすれば、必ずもう一度誘ってくれるでしょう。

過剰に気を使う必要はありません。

お互いが気持ちよく過ごす時間であれば、セックスに至るまでに培った関係がカンタンに壊れるようなことにはなりませんから大丈夫！

癒し系の愛されテク

はじめてのセックスは「これから」を期待させるものに

Hint 30 セックスのあと、大事なこと

誘われて過ごした時間と、その後の二人の空気によって、また誘うか、もう二度と誘わないかがほぼ決まります。

二人が気持ちも体もぴったり合えば、もちろん、またそう遠くない日に誘われることになるでしょう。場合によっては、あなたから誘っても、彼が喜んで応じてくれるかもしれません。

では、二人の体がぴったりというわけにいかなかった場合はどうでしょう。

最初はなかなかお互いのことがわからないし、自分のことを教えることも躊躇《ちゅうちょ》してしまうので、そうそうぴったりにはならないのがほとんどです。

二人での時間が増えていく中で解決できるような問題であれば、また誘われます。

ぴったりいかなかったときに、絶対に相手を責めないこと、そして必要以上に相手の前で自分を責めないこと。この二つは絶対に守らないといけません。

二人の気持ちが合わないときは、次回に誘われることが難しくなります。まれに心とは関係なく、体の相性で付き合うということもありますが、それではオンリーワンのパートナーとしての関係にはなれません。

気持ちも体もぴったりの別の相手が出てくるまでのつなぎのようになってしまう可能性が高いことを忘れてはいけません。

では、どんな女性がまた誘いたくなる女性でしょうか。

二人の時間が素敵だと感じる、または素敵になると期待できる女性です。

彼がそう思うためには、あなたが二人の時間が素敵だと感じ、もっともっと素敵な時間になると期待していることが彼に伝わることが何より大事です。

私の失敗談を書きますね。

ついに大好きな彼とのセックスを成し遂げ（?）、気分は「やりました！　ガッツポーズ」って感じだったのに、ふと気になるのは、今からベッドを出て着替える私の姿……。急に恥ずかしい気がして、ものすごーくそっけなくしてしまいました。

まるで今のことはなかったことにしましょうねぇーっていう感じで……。本当はすごくうれしくて、またこんな素敵な時間を一緒に過ごしたいと思っているのに、なぜか、態度はまったく反対に。

するとと彼から、「よくなかった？」って聞かれました……。

素直じゃなかった私は、「別に……」って答えちゃったの。

「そっか……」ってつぶやく彼。落ち込ませちゃったみたいでした。すっごく大好きな彼だったのに、なんだか気まずくなってしまって、自然に会う機会も減っちゃった。

あのとき、もっと素直に気持ちを表せていたらなぁーって思います（反省）。

癒し系の愛されテク

セックスのあとは男性も心配なのです

Hint 31

お風呂に一緒に入ろうっていわれたら……？

お風呂は、いつも主人と二人で入ります。付き合い始めたころは、主人が「一緒に入ろう〜」といっても、やはり抵抗がありました。本当は好きな人とのんびりお風呂に入ってみたいと思っていました。でも、全裸を見せるわけですからねー。タプタプのお肉がバレちゃいます。まあ、服の上からでもわかっていたとは思いますが（笑）。最初は電気を消して、真っ暗な中で入っていましたねー。うーん、懐かしい。それがだんだん薄明かりになって、今は普通のお風呂の明かりです。**繰り返すと当たり前になってくるんですね。**最初の緊張が嘘のように、気楽な気持ちでのんびりできるようになりました。

今は二人のお風呂の時間に、たくさんのお話をするのが私の楽しみです！

癒し系の愛されテク

「恥ずかしいけど、やってみたい」なら、チャレンジ！

Hint 32 男性からの告白、断るときは……

告白してくれた男性や、付き合ってみた男性が永遠のパートナー、オンリーワンの相手とは限らないよね。せっかく告白してくれたから付き合わなきゃいけないかなぁ、とか、今まで付き合ってたんだから、このまま付き合ったほうがいいよねーなんて考えは、あなたにとっても男性にとってもよくないです。

とはいえ、私も以前は、だれからも好かれていたいって気持ちがありました。たとえ好きでない相手でも、すっかり愛情のなくなった相手でも、嫌われることを恐れて、はっきりした態度が取れなかったわけ。すると告白してくれた人は、はっきり断らない私はオッケーしたんだと思い込んで、すっかり彼氏気取り。本当は別の人が好きなのに、「俺の彼女」みたいにいわれちゃって……。

また、付き合ってはみたものの、永遠に一緒にいたい相手ではないなーって思った人にも、「別れましょう」がいえずにズルズルと……なんてこともありました。

彼は私の気持ちがそれほど冷めているなんて思いもしないから始末に負えない。私も自分の気持ちに素直になれなくて、相手の顔色をうかがってたんだよね……。

素敵な未来に続かない関係ばっかり増えちゃって、息が詰まりそう……ってなったある日、我慢できずにいっちゃったんです。「私はあなたと付き合うつもりはないの！」って。すると、「え？　俺たち、付き合ってたんじゃないの？」って彼。そして、「思わせぶりな態度って最悪じゃん」っていわれました。

そこではっと目が覚めたわけ。

私はすごく自分勝手だったんだよね。自分が嫌われることを恐れて相手を傷つけてた。もし私が反対の立場だったら……って考えたら、すごく恥ずかしくなりました。

誰も傷つかない別れなんてないんだよね。誰も傷つけたくないなんていいながら、自分が傷つくのだけを恐れてたことに気づきました。

はっきりと気持ちを表す。ただし、誠意を示して、ありがとうの言葉を添えて。

誰も傷つかない別れ方、きれいな別れ方なんてないんだよ。

癒し系の愛されテク

別れのときは「ありがとう」の誠意を忘れずに

Hint 33

彼がプロポーズせずにはいられない小さな演出

ある日突然やってくるプロポーズ。キラキラ輝く指輪に、ドキドキの甘い言葉。永遠のパートナーとして選ばれる幸福感。孤独な日々とのさよならに、舞い上がって浮かれちゃって、幸せ絶好調ぉ〜！

私はそんなふうにプロポーズをイメージしていました。

いつかそんな日が来るのかな？　来るのかな……？　来るの……⁇　来ないのかなぁ……。

自信が持てない私には、私を好きといってくれる人がいるのか、ましてや永遠のパートナーになろうなんていってくれる人がいるのだろうかって、そりゃあ不安でした。

街で太った女性が家族で仲良く買い物しているのを見ると、そばに行って聞いてみたいくらいでした。

「あなたは結婚してから太りましたか？　それとも太っていても結婚できたのです

か？」

いやぁー、もちろん本当に聞きに行ったことはないですよ（笑）。でも、当時の私には、本当に本当に聞いてみたいことでした。

もし、その太った女性が最初から太っていたにもかかわらず結婚しているのなら、ぜひ、その秘訣を教えてほしいーと思ってました。

その私が、今では「太っていることと、結婚できるかできないかは関係ないよ!!」ときっぱり宣言しちゃいます。太っていても、プロポーズはどんどんされちゃいます。容姿や体形に関係なく、男性を自分が選ぶことができます。

そう、選ばれるのをただ願っているのではなく、好きな相手をあなた自身が選ぶ!!

これが、実は重要なんです。

「できることなら選んでください。選んでくださってありがとう」

こんな受け身の状態から、本当にこの人は私の永遠のパートナーなのだろうか？と自分で考え、見極めて、選ぶこと!!　それが当たり前にできたとき、はじめて幸せな結婚ができます。

なぜ、「できることなら選んでください。選んでくださってありがとう」ではダメなのか？　それはね、彼とあなたの関係が最初から平等でないと自分で思っちゃっている証拠だから。

それには、まず間違えやすい思い込みを取りはずさなくてはいけません。それは「結婚してくれる」という感覚です。

実際は「結婚してくれる」のではなく、お互いが「結婚する」ことを望むと「結婚」になります。そして、**こちらが結婚の意思を示さず、相手が結婚したいと思えば、相手が「結婚してくれますか？」といわざるを得ないわけです。**

ということは、まず相手があなたと結婚したいと思う状態を作ってしまいましょう。そしてあなた自身は、はっきり「結婚しましょう」と、まずはいわないでおきましょう。

ここでポイントになるのは、相手があなたと結婚したいと思うこと!!

これが重要ですよね。そう思わない限りプロポーズするはずないですから。

では、男性が結婚したいと思う相手はどんな相手か？

これはまさしく癒し系の女性です。ずっと一緒にいたい、離れたくないと思われる女性ですね。さて、そう思われるために具体的な方法は、というと……。

私は「もしも」の話が好きです。夢のような「もしも」の話。あなたは経験がありませんか？

夢の中でやさしくされて、今までただの友達だと思ってた人を好きだなぁと思ってしまったり、逆に夢の中で意地悪されて嫌いになってしまったり……。

当事者が知らない間に、好かれたり嫌われたり（笑）。

人の頭の中で起こったこと、イメージしたことって、実際に起こったことと同じくらい、心に及ぼす影響があるんですすね。

こんな人の心理を上手に使っちゃいましょう♪

相手が結婚したいと望んでいるということがなんとなくわかってきたら、「もしも」の話をいっぱいします。「もしも一緒に住むとするでしょ？」とかね。彼は現在に満足していると、うっかり結婚することを忘れているかもしれません。今のまま永遠にいられると勝手に思っていたりします（笑）。

「もしも」の話は、具体的であればあるほどいいのです。

「もしも一緒に住むとしたら、部屋はどんなふうにしたい？　カーテンは何色？」

こんな感じです。

これをすると、彼はほんの少しだけイメージします。二人の生活について。そしてそれがとっても素敵に感じると結婚したくなってしまいます。

そんな「もしも」の話を繰り返しながら、彼の部屋に遊びに行くようなことがあれば、今度はそのシミュレーションを実際にやってみます。

「あなたが会社に行くときに、いってらっしゃーいとかいっちゃったりするのかしら。きゃはは」

あくまでもふざけた会話です。深刻にいうと、相手は迫られているような気がしてしまいます。

「もしも」の話をしてシミュレーションをして、そのすべてが楽しい雰囲気であれば、彼はそれを永遠に手に入れたいと思うのです。

あなたから結婚という言葉は出しませんよ（↑コレ、とっても大事なポイント！）。まだまだじっと我慢です。あくまで「もしも」の話にしてください。そして、あとは極めていつもの二人です。

「もしも」の話と「シミュレーション」はとっても楽しい、素敵なイメージにして、ほかは今まで通りに普通に付き合っていれば、彼はプロポーズしたくなってきます。

ただし、プロポーズされる前に「もしも」の話やシミュレーションをする中で、あなたが、やはりこの人は私の永遠のパートナーではないと思えば、プロポーズされたからといって結婚することはありません。

そして、その彼をふっても、これが最後のチャンスで、あとは一生一人ぼっちなんていうことはありません。ここで、やっとプロポーズしてもらえた、結婚してくれるなどという考えでは、結婚しないでくださいね。

私が主人にプロポーズされたのは、彼が大学四年生の十月の夜でした。彼の校舎の前です。夜の大学は、あまり人がいないんですよ（笑）。

甘ーいプロポーズに、思わずホロッ……抱き締め合う二人……そして……。

ガードマンさんにライトで照らされました。

「そこ、何してる!!　早く帰りなさーい!!」

今ではいい思い出です（笑）。

癒し系の愛されテク

「もしも」の話で「求婚《プロポーズ》」を引き出す

癒し系が愛されるヒミツ

～サトル（羽林由鶴のパートナー）編～

出会いはカラオケの話題から

ユズ： こんばんはーって、同じお部屋にいるのにヘンですが……。

サトル： こんばんは！

ユズ： 今日は夫婦の真夜中の会話をみなさんに公開します。って、テレるなぁー。では、あらためて……二人が出会ったときのこと覚えてる？

サトル： 全部は覚えてないよ。服がピンクだったことは覚えてる。暗かったから、最初は白に見えたんだ。

ユズ： それは本当に私たちが初対面の日のことね。

サトル： 出会ったときって、そういう意味じゃないの？

ユズ： どういうことで知り合ったかについては？

サトル： なんだっけ、インターネットだ。

ユズ： 掲示板で私があなたのログの上のログだった。

サトル： カラオケの話とかしてたんだった。

ユズ： そうそう。カラオケの話をする掲示板だったね。

サトル： たまたま知り合ったんだ、今考えると、すごい偶然だね。

ユズ： うん、そう!! 何がどうなるかはわからないもんだよね。

サトル： インターネットには人がたくさんいるのに。

ユズ： あなたが私にメールをくれたのよ。「僕はあなたの下のログの者です……」ってさ。

サトル： そうだっけ？

ユズ：すごいヘンなメールだね（笑）。

ユズ： そうだね。あのとき、あなたがメールをしてこなければ、私がメールの返事をしなければ、今、こうして二人で会話することもなかったね。

サトル： 面白い。

ユズ： あなたはまだ学生で、学校のパソコンから毎日メールを1通くれたね。

サトル： いろんな話をし始めたんじゃなかったっけ？ 学校のパソコンはそういうことに使うものじゃないのにね。

ユズ：うん。カラオケから始まった会話がいろんな話になっていったよね。それで、実際に出会う日がきたんだね。最初のメールから二カ月以上たったあとだったかな。
サトル：そのくらいたったかなー。
ユズ：私はメールの中で、自分の体形を「すごく太っている」って告白してたけど、最初に見たときどうだった？
サトル：暗くてよくわからなかったよ。そんなことより、緊張していて気にする余裕がなかった。
ユズ：えー？　そうなの？　私はもしかしたら予想以上の太さにヒカれるかと思ってた（笑）。
サトル：予想も何もしてないよ。こういうことを話している人なんだっていうことだけ。
ユズ：そうなの？　私が思うほど最初から体形は気にしてなかったのかしら？
サトル：メールでやりとりしていた内容だけで、体形のことは気にしないよ。
ユズ：いろいろ想像したりしないの？　メールしながらさ。
サトル：どういう人かなというのはもちろん想像したよ。
ユズ：ところで、そのときはもちろん付き合うとか、永遠のオンリーワンになるなんてお互いに思ってなかったと思うけど、なんで私と付き合い始めたの？
サトル：なんでだろう？　不思議だ。
ユズ：ここが太め女性からすると素朴な疑問だから考えて。
サトル：ずっと話していたからかな？　話をしていると親密になるでしょう。

ちょっとしたメールや電話の積み重ねがいい

ユズ：最初はメールで二カ月くらい毎日やりとりをして、そのあと実際に会って、会ったあともメールは続いていたね。
サトル：親密になったら自然と一緒にいるようになるんじゃないかな。
ユズ：携帯電話で話したり、チャットもするようになってたね。
サトル：そうだね、毎日連絡を取り合っていたね。
ユズ：そんなふうに一緒の時間を過ごしていればどんどん仲良くなるし、仲良くならない人はそんなに連絡を取り合ったりしないもんだね。
サトル：うん。最初にまず会ったり電話したりメールしたり……。そんなすごいことじゃなくて、メールでちょっと話すでもなんでもいいんだけど、そんなちょっとしたことが積もって山になり、親密さを醸成するんじゃないかな。会ったりなんかしたら、ますます助長される。でしょ？

同じ中身でスタイルのいい人がいたら……？

ユズ： 私のどこが好き？

サトル： いつもは脳が好きだといっているけど……。つまり、人柄っていうことかな、いつも元気でいっぱい笑って、僕といると楽しそう。そんなユズっちを見ていると僕も楽しくなっちゃうからね。だから僕はこの人が好きだなぁって思うようになったんだよ。

ユズ： 何回もいわれている、その「脳みそが好き」って、脳みそだけ？って最初はショックだったのよ。

サトル： 「だけ」じゃないんだよ。脳こそがいいんだよ。

ユズ： やっぱ太っているから外見は好きじゃないのかなぁってね。女性としたら、好きな人には全部好きっていってほしいもん。

サトル： 脳が好きっていうのは、全部好きっていうことを意味しているんだよ。『その人だから』ってことなんだから。

ユズ： でも、脳みそが同じで、やせてる人がいたら、そっちが好きってことじゃない？

サトル： それは言い換えると、ユズっちがやせてるってことなんだよね。決してユズっちじゃない別人にはならないんだよ。僕はできるだけ長くユズっちと一緒にいたいと思っているんだ。だから、適度にやせたほうがずっと長生きになるんなら、健康のために少しはやせてほしいと思うよ。

ユズ： 私がやせたほうがいいということは、太ったままの私じゃダメってこと？

サトル： ダメじゃないよー。ユズっちはユズっちだからね。でも、一緒にいられなくなったら僕が困るから……。第一の目的は、好きな人と長く一緒にいられること。そのためには二人とも健康が大事でしょう？

ユズ： じゃあ、太っていても健康ならいいってことなのね。ずっと一緒にいたいと思ったということは、それが永遠のパートナーになりたいって思ったってことでしょう？

サトル： そうだよ。

ユズ： 世の中にはお付き合いをしている人はたくさんいるけ

ど、実際に永遠のパートナーになるカップルって少ないよね？

サトル：調べたわけじゃないけど、そんな気もするね。

永遠のパートナーは「得になる人」

ユズ：では、永遠のパートナーとして私を考えたときの決め手を教えて！

サトル：それは、ぼくにとって得になると思ったからだよ。

ユズ：得？　得って何？　私は金持ちじゃないよ？

サトル：気持ちの面で、一生楽しく笑って暮らせそうってこと！

ユズ：なんでそう思ったの？　私といると楽チンてわけじゃないでしょう？（笑）

サトル：しばらく一緒に時間を過ごしているうちに、この人といると、これからずっと楽しそうだなぁという思いが強くなってきたんだ。

ユズ：それは、私も同じ!!

サトル：最初は「ずっと楽しいかも」という程度だったけど、それが「きっと楽しい」→「ゼッタイ楽しい！」に変わったんだ。

ユズ：私も最初のころは、年齢のこととか、体形のこととか、ちょっとは気になっていたけど、プロポーズされたころには、私も「この人は私の永遠のパートナー、運命の男性！」って思ってた（笑）。で、実際、永遠のパートナーとして一緒に暮らしているわけだけど、しまったっとか思ってなぁい??

サトル：僕は正しかったと思ってるよ（笑）。思っていた通り楽しい毎日になってる。

ユズ：うふふ。周りの人がびっくりしちゃうくらいのラブラブっぷりですからねぇ、私たち。

サトル：毎日が楽しい、うれしい。そう思えるのは、やはり永遠のパートナーと出会えて、一緒にいられるからだって思ってるよ。

ユズ：あはは、なんだかラブレターみたいになってない？

サトル：そうだね。こんなの載せていいの??

ユズ：癒し系の女性は実際にこんなにラブラブな生活ってことでいいとしましょう（笑）。ともかく、今後ともさらなる幸せを目指して、仲良くしていきましょうね。よろしく！

サトル：こちらこそよろしく！

5章

コンプレックスも魅力に変わる8つの方法

～セルフケア編～

Hint 34

「今度」じゃなくて「いま」やる！

タイミングというものがあります。これはちょっと前でも、ちょっとあとでもダメで、ズバリその一瞬しかありません。そして、その一瞬を逃したばっかりに、二度とその瞬間は訪れないということがよくあるのです。

「またあとでいいや……」

「今度ね……」

「いつかそのうち……」

「別の機会に……」

こんな言葉を普段よく使っていませんか？　恋愛はいつ始まるかわかりません。あなたの容姿や体形に関係なく、タイミングを逃すと後悔することはわかっています。

「もう少しやせたら……」

「あの服が着られたら……」

「彼が恥ずかしくないような女性になったら……」

こんな言葉を普段よく使っていませんか？

実は私は、「××キロやせたら……」。ずっとそんなふうに思いながら生きてきました。でも、**実際は××キロやせてもやせなくても、それだけで幸せになれたことはありません。**

仲良くしていた男性に告白する前にやせよう決意！　毎日ジムに通ってダイエット、ものすごくがんばった六カ月。私は13キロのダイエットに成功しました。

なのに……、けっこう仲良くしていた彼は、その間に私と同じくらい太めの女性と付き合い始めたんです。ショック!!　私は毎日、会社から帰ると、真っすぐジム通いをして、彼をびっくりさせるために、その間、会うこともしませんでした。はぁ……

思い出してもため息が……。

恋愛を始めることなく終わらせていませんか？

タイミングを、あなた自身が逃していませんか？

癒し系の愛されテク

後悔しない生き方をしよう

Hint 35

彼のやりたいことなら、チャレンジしてみる

さて、あなたはプールや海水浴に行きますか？
「私はスタイルがよくないから水着になんかなりたくないわ」
そんなふうに思っている人、いますか？
私も水着になるなんてまっぴらごめんだと思っていました。
そして、実際に何年も、いや何十年も（？）水着を着ませんでした。
当時付き合っていた男性に「プールに行こうよ！」と誘われたときのこと。
そのころで90キロは超えていた私は、「私、プール苦手……」と断りました。
すると彼は、
「ホテルのプールは値段が高いけど、人がほとんどいないし、いいんだよ」とか、
「プールサイドでカクテルとか飲めるんだよー」なんていって誘ってくれます。
そういわれて、テレビでよく見る、キレイな女性が寝そべっていたり、小さなパラ

ソルや、お花がいっぱいついたカクテルの絵が思い浮かびました。

ちょっとやってみたいなぁ……とは思いましたが、もう何十年も水着を着ていないので、着られる水着もありません。

「あまり興味ない……」と、もう一度断りましたが、

「もしかして、気にしてる？　でもね、ユズより大きな女性もいっぱいいるよ」

そういわれました。

実はホテルのプールって、金額も高いのでファミリーなんかいません。

室内ですから、けっこう年齢が上の方もたくさんいて、体形なんかは本当にさまざまです。

値段は高かったのですが、輸入物のかわいいワンピースの水着を買って、ホテルのプールに連れて行ってもらいました。

一度行くと、あんなに気になっていた水着もなんてことなくなります。

水の中では体は見えませんし、大好きな彼にお姫さまだっこもしてもらえます！

スタイルに自信がないから水着は着ない。プールや海には行かない。そんなふうに行動や考えを狭めていませんか？

「私は○○だから××できない」。この考え方はすごくもったいないです。特にとてもコンプレックスが強いと、そのはっきりした理由を告げることすらできません。すると彼は、なんだかわからないけど断られた、という感じがします。それは彼を傷つけることです。大好きな彼を傷つけるなんてイヤですよね……。

もし、「私は○○だから××できない」という思いが頭に浮かんだら、彼に正直に話してみましょう。

たとえば、「私もあなたと一緒にプールに行って、オシャレなカクテル飲んでみたい！　でもね、もう何年もプールって行ってないんだぁー」。ここまでです。そこで「なんで？」とか、「じゃあ、今年は行こうよ」という話になります。「私もあなたと一緒にプールに行って、オシャレなカクテル飲んでみたいけど、水着持ってないよー」という感じで少しずつ話します。**必ず「私もあなたと一緒にプールに行って、オシャレなカクテル飲んでみたい」ということを言い続けてください。**それだけで関係が壊れることはありません。

最初は勇気がいるかもしれません。でも、話を続けることで、彼となら行ってもいいかな、と思うかもしれませんし、逆に彼が、じゃあ別の楽しいことをしようよというかもしれません。ともかく暗い気持ちで出かけても楽しくないですし、彼を暗い気持ちにさせることはもっと避けねばなりません。

「癒し系」の女性は、自分の考えを言葉にして伝えます。

上手に話せなくても、伝えたいという気持ちをいつも持っていることが大事です。決して、うつむいたまま黙ってしまうことのないようにね。

私の水着感は、正直いって、一度飛び越えてしまうと、水着になることなんて嘘のように楽になりました（笑）。

私にはできないと思っていたことができてしまうと、心の壁が壊れます。自由になります。今では自分から主人をプールに誘ったりもしますよ！

もし、まだ彼とプールに行ったことがない、というあなた。次の夏こそ水着にチャレンジしてみませんか？

ちなみに、現在の私の水着は26号です（笑）。

癒し系の愛されテク

「できないこと」の伝え方で、心の壁がなくなる

Hint 36 意地悪な人の言葉は翻訳しちゃう

現在は素敵な人に囲まれて、素敵な毎日を送っている私ですが、意地悪な人というのはどこにでもいるもの。私あてに、たまーに悪意のあるメールがくることもあります。

八カ月くらい前にもらったメールはこれ！

「デブのくせに元気にしないでください!!」

って、なんじゃそりゃぁ～～～（笑）。

意味もなく届く一方的なものなので最初はカチンッとくるけど、よくよく考えたらかなり面白い！　だって、このメールを書いたときのこの人の気持ちを考えてみると……、

「ユズはデブなくせに幸せそうで元気そうで、なんかムカつく……、きぃ～～～！」

って感じでしょうか??

ここまであからさまじゃなくても、なんだかイヤなことをいう人っていますよね。「そんなやつとは付き合うことはないよ」っていうのが最終的な結論ですが、どうしても付き合わなきゃならない相手もいるわけです。

会社の同僚、先輩、後輩、上司、家族も含めて、逃れられない関係ならば、あきらめるしかないの⁇

いやいや、人生、何事もあきらめることはありません。だったらどうする？

ヒントは、意地悪って仲の良くない人がいうものだということ。意地悪な人でも友達には悪口っていわないいんだよね。それであっちこっちでいじわるばかりする人は、結局一人ぼっち。で、寂しがり屋さんなんだよね。無理してこっちから頭を下げることはないけれど、どうしても付き合わなきゃいけない相手なら、仲良くなってしまうってのが一番の解決法！

そもそも、悪口にしても、わざわざこちらに伝えてくるってことは、自分の存在をアピールしたいってこと。だから、**彼らの言葉は、あなたと仲良くなりたいよっていうメッセージだと解釈しちゃいましょう♪**

具体的にそのメッセージの解釈法をいいますと……、

「デブのくせに元気にしないでください!!」
↓
「ユズはデブなくせに幸せそうで元気そうで、なんかムカつく……きぃ〜〜〜〜!」
↓
「ユズはナイスバディではないけれど幸せそうで元気そうで、うらやましいよ」
てな感じです。

意地悪な人の言葉は外国語だと思って、あなたの聞きやすい言葉に翻訳しちゃいましょう。

だいたい、その言葉を口にした人は、それほど真剣に意味を考えていなかったりします。ただ傷つけたいとか、イヤな気持ちにしたいとか、その程度。悪意から発せられた「デブ」なんてイヤな単語を素直に解釈して傷つくなんてつまらないです。

「ユズはナイスバディではないけれど幸せそうで元気そうで、うらやましいよ。私も本当はユズみたいになりたいんだ」

ってことで、わたしのことがうらやましくてしかたがない方からのファンレターでした（笑）。

最終的には、いわれたり、されたりしたイヤなことが、あなたの幸せにとってまったく関係ないやって思えればいいんです。だから、その境地に至るまでの過程は、あなたのタイプで好きに選ぶのが一番！

たとえば、**大声で怒鳴るようなことになっても、大声で泣くようなことになっても、「私は悪くないもんね！」っていう終わり方ができたらいいんです（笑）。**

ストレスってね、溜め込むと心の中でどんどん大きくなって、楽しいこと、幸せなことを感じる部分をつぶしていく。もちろん、これは美人でもナイスバディでも関係ないよ。現代はストレスだらけ。だからストレスはできるだけ吐き出す。で、何がストレスになるかは人によって違うわけ。無理してケンカすることも、無理して我慢することもないってこと。

そして、どうしても気分が落ち込んだら、寝る!!

それでもまだまだ落ち込んでたら、私にメールください。翻訳手伝います（笑）。

件名【翻訳手伝ってぇー】yuzu@step13.cc　まで、どうぞ！

癒し系の愛されテク

悪意はそのまま受け取らない

Hint 37 ダイエットから解放されるちょっとした気づき

実は私、ダイエット成功者です!!　今の身長で50キロ、ウエスト60センチの時代がありました。

やせていた期間は三年くらいかな?　その前は88キロくらいあったので、そうです、約40キロのダイエットに成功〜〜〜したのです!!　小学生の子どもが一人消えたくらいの減量ですねぇ〜〜〜（遠い目）。

そのあと、まあ無事に（?）リバウンドしたわけです（笑）。

高校生の頃からの「減量した合計」と「太った合計」を合わせたら、いったいどのくらいの変化があったのか、もはやわかりません（爆）。

先日、ある記者さんとの会話の中で、ダイエットの話が出ました。

「実は私もダイエット成功者でした」という話をしましたら、「ダイエットに成功してやせると、男性からのお誘いもあったんじゃないですか?」と質問されました。

「ありましたけど、眼中にないんですよ」と答えると、「え？　なんで？」と不思議そう。**「自分が好きになっちゃうんです（笑）」**。

この話、私の中では常識に近いくらい当たり前の話ですが、この記者さんにはちょっとびっくりだったようです（笑）。

ダイエットを始めるきっかけは、人によってそれぞれでしょう。だれかに太っていることをからかわれた……なんてものから、単純に、モテたい、とか、オシャレしたい……などなど、まあ、健康面の問題なんてものもあったりと、本当にさまざま。

ダイエットをスタートすると、うまくいくと本当にはまります。がんばっている自分を体重計が評価してくれるからです。

「はい、今日は何キロ。がんばりましたぁ～～。えらいえらい!!」って感じですね。そして、全然減らないと、「おい！　どうした？　何やってるんだ？　それでいいのか？　またダメなのか？　まったくお前ってやつは……」と怒られている気がするわけです。

ダイエットを楽しむことができる人は、とっても素敵だと思います。しかし、ほとんどのダイエッターは、そこに苦しさを感じます。食べ物を減らした苦しさ、加重運動の苦しさ……だけではなく、精神的なプレッシャーで心が縛られたような気にさえなります。

あなたは何のためにダイエットをしますか?

ダイエットをスタートし、順調に減量できると、少しずつ目標が変化します。最初は「5キロダイエットできたらラッキー」だったのが、「あと3キロやせたらもっともっと素敵になれるかしら……よぉーし、がんばろーっと」となります。そして自分の外見ばかりに目が向いて、友達と食事をすることなどを避け始めます。

一日に何度も体重計に乗り、体重計によってその日の行動が決まります。

数字が前日よりも多いか少ないかで、幸せになったり不幸になったりします。

注目するのは自分の体重。だから、

「おいしいケーキ屋さんができたからみんなで行くんだけど、ユズも行かない?」

なんて友達の誘いも、男性からの、

「うまい焼き鳥の店見つけたんだけど、一緒にどう?」

なんて素敵なお誘いも、「ダイエットしてるのに、迷惑!!」と感じるようになってしまう。そして、恋のチャンスも逃してしまう……(ああ、もったいない……)。

周りとのコミュニケーションは、邪魔にさえなっていくんですね。

ダイエットに夢中だったあるとき、ふと立ち止まって考えてしまいました。

幸せな人生って、なんだろうか、と。

体重が減って気分はいいかもしれない。でも、一生、体重計にコントロールされるような人生を私は望んでいたんだっけ？

私は永遠のパートナーのオンリーワンになりたい。そこで愛し愛される関係を一生楽しみたい。そう考えたら、私の一番しなくてはいけないことはダイエットではなく、私の永遠のパートナーが愛してしまう「癒し系の女性」になること。そんな素敵な男性に出会うこと。そう気づきました。

私はダイエット反対者ではありません。でも、もう一度考えてほしいなぁって思います。

あなたの人生は体重計と一緒ですか？

それとも永遠のパートナーと一緒ですか？

癒し系の愛されテク

体重計は恋人にしない

Hint 38

コンプレックスはタブーにしないこと

ほとんどの人は何かコンプレックスを抱えているものです。

コンプレックスって自分が感じていることなので、他人からするとまったくわからなかったりしますよね。私のように、どこから見ても正真正銘の太めなら、かえってわかりやすくていいかもしれない（笑）。意外とこんなところにあるホクロとか、ニキビの跡、鼻の形とか、人それぞれに悩んでるもの。

子供のころは、そういうところをからかったり責めたりしがちだけれど、できるだけ触れないように……っていうのが大人のやり方です。

たとえば、私が太っていることに気づかないはずはなくて、気づいているけど、そんなこと全然わかりませんって顔で話してる。**以前は私自身も「絶対に太っていることについて触れないでね！」ってオーラを出しまくりでいたと思う（笑）。**

でも、これって逆効果なんだって気づいたんです。だって、みんないろいろなコンプレックスを抱えてて、それぞれに心に壁を作ってたら、仲良くなんかなれないでしょう？　そこで、みんなが抱えているコンプレックスなら、共感したらいいんじゃないの？って。

たとえば私の名刺には、「太め女性恋愛応援カウンセラー、太め女性代表」って書いてあるんです。それを見た人は、「私も以前すごく太っていて……」とか告白してくれます。また、同じ太っているというコンプレックスだけではなく、さまざまなコンプレックスを告白してくれるんです。そして、一気に親しくなる！

最初はとっても勇気がいったけれども、私のほうから口火を切ったら、一気に和やかムードになって、打ちとけて話せる人がたくさんできました。

みんないろいろなコンプレックスを抱えているんだなぁと知ることで、私自身も安心するし、意外と私が思っているよりも私のコンプレックスは大したことないのかなぁなんて、受け入れられた感覚がうれしかったりします。

コンプレックスを逆手に取って一気に仲良くなるって、オススメですよ！

癒し系の愛されテク

心の壁は自分から壊していこう

Hint 39

凹んだときの自分の癒し方

実は私、よく凹《へこ》みモードになります。なんだかうまくいかないことがあるときはテキメンです。

そうです。「癒し系の女性」は、いつも元気な女性というわけではありません。当然、毎日泣いたり怒ったり笑ったり……。

「癒し系の女性」は悩みのない能天気な女性では決してないんですよ。

「癒し系の女性」になる前の過去の私ならば、うまくいかないことがあれば自分のせい。そう、「私だから……、こんなだから……」というような考えになり、ひたすら一人で考え込み、つらい時間を過ごしました。

今は？

凹みモードがやってくることは変わりません。でも、過去の私より我慢しません。要するに、お友達や主人、大好きな先輩に相談します。

「私、凹んでるんですよ～～」って具合です。

特に甘えられる相手であれば大泣きしたりもします。私の場合は、主人の前では大泣きです。

「癒し系の女性」は、凹みモードのときにいろいろな人の声を聞き、励まされ、時に叱咤《しった》激励されながら、いつのまにか笑っているんです!!

そう、最後にはいつのまにか笑っている女性です。

生きている限り、いいことばかりではありません。でも、悪いことばかりでもありません。たくさんの人と関われば、たくさんのトラブルに出会います。そして、たくさんの励ましや慰め、応援、たくさんの本当の味方を知るきっかけにもなります。

凹んだときも、一晩眠って、次の日起きるときには凹みモードから抜けています。たくさんの言葉と笑顔が、私の周りにはいっぱいあります。それが「癒し系の女性」の強さです。

間違ってはいけないのは、「癒し系の女性」は、感情をむき出しにすることなく、穏やかで、いつも笑っているというような間違った思い込み。

そんなお人形さんのような女性は、永遠のパートナーにしたいと思ってもらえません。

なぜならば何を考えているのかわからないような人と一緒にいることは疲れるからです。

イヤなことがあったときは、ちゃんとイヤなことがあったことを伝えることができる「癒し系の女性」になりましょうね。

癒し系の愛されテク

イヤなことをじっと我慢しない

Hint 40

前向きでいるのが辛くなったら……

「絶対、永遠のパートナーと出会って、素敵な人生を一緒に送る！」
そう決心してから、コツコツと「些細なこと」を見つけ続けて癒し系の女性になった私ですが、実は最初からスイスイうまくいったわけではありません。

〉ユズさんの行動力はスゴイって思います。
〉ずっとそうなんですか？
〉性格ですか？
〉負けず嫌い？

クライアントさんに、メールでこんなことを聞かれたことがあります。
実はまったくの反対です。

たしかに、好きなこと、興味があること、自分が決めたことにはものすごく熱中します。人に何かいわれる前にどんどんやります。

でも、苦手なものや、面倒なもの、やりたくないものは、人一倍抵抗してやらないタイプです（笑）。ものすごく慎重で、考え込むタイプです。負けず嫌いなどというほどがんばり屋さんでもありません。

では、なぜ「些細なこと」をやり続けることができたか？

それは、そのくらい状況を変えたかったからです。

今のままでは絶対にイヤだと思い続けたからです。

過去の私のままでは、未来には、孤独、恐怖、不安、苦しみしかない。何の希望もなかったわけです。

最初は、ちょっとしたことも、気持ち的にとても大変なわけです。

でも、がんばって、ちょっとしたことをしたとき、相手の男性の反応が変わると、

最初は驚きます。

「え！　今、喜ばれた？」

とか、そんな程度のことですけどね。でも、それが続くうちに、どんどん楽しくな

ってくるんです。

それは私が毎日、死にたくなるくらい苦しい毎日を送っていたからかもしれません。ほんのちょっとした他人の言葉や態度に、本当に感激していました。

すると、もっともっと私は自分を磨きたくなってきたんです。もっともっと……ってね。

でも、一人がんばるのは、正直、大変なときもあります。彼がなかなか振り向いてくれないとき、うまく気持ちを伝えられないときなどは、やはりダメだ……と落ち込むわけです。

一生懸命がんばっていたからこそ、うまくできない自分にイライラしたり、自己嫌悪に陥るのです。

でもね……、

疲れちゃうのは当たり前!!　疲れちゃうことが悪いことではありません。

だけど、あきらめちゃダメです。あきらめて損をするのは、あなたです。

私はそんなとき、どうしたか？

寝ました。眠れるときは寝ました。ゆっくりお風呂に入って、早く寝ました。

「そ、それだけ？」

はい！　それだけです。

一人で「些細なこと」をやり続けられた理由。それは、

あきらめなかったから!!

それだけです（笑）。

「癒し系」っていうと、ほかの人に安らぎを覚えさせる人ってイメージがあるかもしれませんね。でも、実はそれだけじゃない。自分自身が安らげる方法を知っている人なんです。

あなたの安らげる方法を探してみるのも楽しいですよ。ぜひ、試してくださいね。

癒し系の愛されテク

あきらめなければ夢は必ず叶う！

Hint 41

癒し系の女性流・失恋をバネにする方法

失恋……できることならしたくない。もちろん私だってそうです。でも、失恋しちゃうことってあります。私も何度も何度も経験しました。

告白してふられて木《こ》っ端《ぱ》微塵《みじん》なんてものから、何年も付き合ったのに……ってのもあって、失恋は何度しても全然慣れません。

失恋すると、その日のことを早く忘れたいって思います。できることなら、その出来事すべてをなくしてしまいたい……そんなふうに思います。そして、何事もなかったかのようにできるなら、どんなに幸せだろうって。

すごくすごく大好きになって、気持ちを抑えられなくなって、もしかしてうまくいって付き合える？　なんて甘い夢を抱いて告白したのに、こんなに無残にふられるってわかっていたら絶対告白なんかしなかった!!　まあ、いろんな思いがありますが、すべて後の祭り。終わったことなんですよね。

でもね、実はこの失恋こそ、「癒し系の女性」への近道だったりします。

まずは、思いっきり失恋に浸ってください。いっぱい泣ける曲や思い出の曲をBGMに、思いっきり泣きましょう。あなたは悲しいヒロインです。切ない思い、つらい思いをかみしめてください。

「えー、そんなの、やだぁー」

そう思いました？

実はこれがチャンスなんですよ!! 普段は表面に出せない感情が湧き出てくる失恋は、心をやわらかくするんです。いつもがんばってがんばってと心を固くしていた人には、最高のリフレッシュになります。

「癒し系の女性」は人の気持ちがわかる女性です。たとえば、将来あなたの気になる人が失恋したときに、どんな言葉をかけてあげますか？ これは失恋した人でなければ決してわかりません。そして、そのときの一言から、「素敵な女性だな」と思われることも多いんです。

失恋をすることで、いろいろな抑えられない感情を体感し、そして成長します。

間違えてはいけないのは、ふった相手を見返すという考え方。これはふった相手への執着にしかなりません。あなたはその相手よりもっと素敵な男性と出会い、オンリーワンとして愛され、愛し続ければいいだけです。

本物の永遠のパートナーでなかったことを早めに知ることができたのは本当にラッキーです。失恋に浸るだけ浸ったら、その経験を生かして、新しい出会いに向かって歩き出しましょう！

癒し系の愛されテク

失恋は最高のリフレッシュ！

癒し系が愛されるヒミツ
～武田麻弓さん（『ファイト！』著者）編～

NY発、セクシーな女性の条件

羽：『ファイト！』の著者であり、現在はＮＹを拠点に活動し、たくさんの若い女性たちから多くの支持を得ていらっしゃる武田麻弓さんとお話がしたくて、図々しくも対談をお願いしました。実際の武田さんも男前な性格で、すぐに快諾してくださいまして、今日はＮＹ時間の真夜中、日本時間の昼に、いよいよ念願の対談です。いやぁ～～感激です。

武：さーて、ユズちゃん、質問をどうぞ～☆

羽：ではさっそくですが、武田さんは「太め女性はセクシー」という考え方になったのはいつですか？

武最初の子供を産んだあとだから、六年前です。

羽：きっかけは？

武：産後の体で、仕事にも戻ったら、周りのシスター（黒人女性）たちとラテーノの子（ヒスパニック女性）たちが以前と違ってとてもいい対応で、「素敵に太ってセクシーになったね」といわれたことかな。

羽：なかなか日本では経験できないほめ言葉ですね。

武：そう。それで、それまでうちの旦那がいつも「セクシーだ、セクシーだ」といっていたことが本当のことだったのに気づきました。

羽：武田さんは若いころからのお写真を拝見すると、とてもスレンダーで美しいのですが、当時は太ることに抵抗があったんですか？

武：ですね。産後の体では食っていけるのだろうかと不安だった。だから、やせなくても食っていけることに目が覚めて、それはもう天国のようです。

羽：あはは。ダンスはやはり細身の人が多いのですか？

武：いいえ、ここでは細い人もいれば、太めもいます。かなり太っていても、ブルブルッと揺れるのを自慢します。

羽：あはは。私も踊っていいでしょうか（笑）。

武：もちろんです。輝きます☆

羽：日本の若い女性は太っていることを罪悪のように感じている人が多いですが……。どうしたら自由に生きられると思いますか？
武：罪悪のように感じる人たちと付き合わないことです！
羽：そうですね――!! 私もその意見に大賛成です。一緒に食べているとき、楽しそうにしている人がいいはずです。

自分の魅力に気づくコツは……

羽：太めといっても、そんなに太っていない女の子でも自信をなくして、ひきこもってしまう人がけっこういます。
武：いますよね、そういう子が。
羽：どうしたら彼女たちは自分の美しさ、魅力に気づくことができると思いますか？
武：信用できる人や、敵視していた人がすごいほめ言葉をくれたり、好きな男に「そこがいいね」とほめられたり……。要するに、もっとコミュニケーションが必要でしょう。
羽：うん！ 私もまったく賛成です。一人きりで自信を持てはしないし、魅力も増やすことは難しい。
武：太ってもいないのに「デブ」といわれるから落ち込むんだと思います。そういう人たちより、「いいおなかしてるね」といってくれる人たちを見つけることです。
羽：あはははは。うちの主人がそんな感じです（笑）。武田さんは若い女性からたくさんの支持を集めていますが、一番の魅力はどこだと思いますか？
武：一番の魅力は、私の前向きなところかな。
羽：そう！ 私も『ファイト！』を読んで、とても魅力的だと思ったのは、やはり武田さんの前向きな考え方や行動力。
武：どうもありがとうです。
羽：私を支持してくださる女性のみなさんも、私の前向きさと行動力を支持してくださる方が多いですね。人として、そういった部分が一番好きになるって。
武：その通り！ とびきりキレイなトップモデルでも、根がネチネチだったら周りに支持されませんし、すぐに人気が落ちてしまいます。
羽：そうですね！ でも、揺るぎなき強い前向きな考えや行動は、自分に自信がないと無理じゃないですか？
武：そうです。オードリー・ヘプバーンがそのいい例です。
羽：どうしたら自信を持って生きることができると思いますか？
武：幸せになろうとする気持ちに貪欲になること。自分に対して、幸せになる、自分のすべてを自分でほめたたえること。

羽： いいですね！　なかなかそれができない人が多いんですよね。

武： それなら、いいことを言ってくれた人々たちを思い出す。

羽： うん。そういった些細なことが実は重要なんですよね。

武： それは練習するものだと思いますよ、何回も何回も繰り返して自分に対してほめる。「かわいい」と思ってもいいじゃないですか。

心がジャンプすると素敵になる！

羽： 私はよくイメージトレーニングのようなことをします。頭の中でうまくいくことを想像している。新しい服を着て、ほめられることを想像したり、お友達に囲まれて大笑いしてるところを想像したり…。

武： ははは、最高ですね。周りで大笑いされることは幸せですよね～。笑顔が一番です。「いや、あたしはブスだから」という考え方は捨てよう！

羽： それ、絶対です!!

武： 自分をもっと愛して、もっとかわいがるべきだと思います。

羽： あと、人を急成長させるのは、心がジャンプしたときだと思っているんです。今、つらいと悩んでいる女の子が、たとえば私をきっかけに、こんな生き方があってもいいのだと思ってくれたら、ジャンプ！

武： 産後の体で仕事に戻ったとき、本当は自信がなかったんですよ。ケンカしたことがある仕事仲間もいれば、仲良くしていた子もいて、その子たちから「うわあああああ、びっくりした。どうしたんや？」のウェルカムな掛け声に、「最初の子供を産んだんだよ」っていったら、「うおおお？　この体で食べていけるじゃん、マジ、セクシー!!」って周りの子たちが笑いながら手を叩くんです。

羽： 日本では考えられない素敵な体験ですよね。

武： で、シスターの一人にお尻を叩かれ……ほめ言葉なんです、お尻を叩くの。

羽： そうなんだぁ（笑）。

武： それが、心がジャンプしたときだったね、あれ以来、自分の体への見る目が変わりました。プリプリでいいじゃん、振りながら歩こうと。

羽：うんうん！　自分の今までの思い込みとかが重石《おもし》のように乗っかっていて身動きできない苦しい状態から、重石が取れて、縮んでいたバネがはね上がるように、ジャンプ♪

武：ね♪

羽：背中を丸めていた女性が、堂々と自信を持って生きると周りにも認められる。不思議だけど、本当なんですよね。

武：胸を張って、姿勢よく歩くようになりますね。

羽：それだけでかなり印象が変わるから。

武：最近は、私を見て、マネをするチャイニーズアメリカンのティーンが増えて、友達もできました。「こいつは素敵なジャパニーズだね」といわれます。

羽：そうやって仲間が増えると安心できるし、自信にもつながるんですよね。

「私ってかわいいでしょう？」っていっちゃう

羽：日本の太め女性も、幸せのシンボルと思ってもらえるように、みんな生き生きしてほしいです。それから、太っているからモテるんでも、太っているからモテないのでもなく、一番はマインドだと思うな。

武：どうやってそのマインドを変えるかといえば、周りの人々たちに「いいね！　かわいい」といわれること。かわいがってくれる人たちに囲まれることが先だよね。

羽：「やせないと、○○じゃないと」恋ができないと思っている人が多いんだよね。

武：そう。恋ができるはずなのに、自分からしぼんでしまう。

羽：私なんか、だれもいわないときは、先に、ねえねえ、かわいいでしょう⁇という。もうすぐ40だけどね。むははははは

武：ははは、ユズちゃん、最高です。

羽：日本でも、私のような太め女性が幸せに生きていることを、たくさんの人に知ってもらいたいな。そして、「私も〈癒し系の女性〉よー」という人がどんどん増えて、明るく楽しく、恋愛も謳歌することが当たり前な環境に早くなりますように！

エピローグ

愛され続ける「癒し系の女性」の条件

彼が弱い部分を見せられる女性

「どうした？　なんかあった？」

こんなふうに男性に声をかけたことはありますか？

「そんなふうにいったら、男性のプライドが傷つくんじゃないの？」

いえいえ、そんなことはありません。

「どうしたの？　何かあったの？　いってみなさいよ。根掘り葉掘り」……これではまるでお母さんみたいで、それは男性にとっては「いちいちいいよ！　ほっといてくれ!!」ともなりかねない。

でもね、「どうした？　なんかあった？　飲み行く？　何でも聞いちゃうよぉ～」と、ちょっとふざけモードなら、男性もホッと力が抜けて話しやすくなります。男性だって大変なことはあるんだと思って接するだけで、男性はかなりの部分で癒されます。

彼が弱音をいえる女性、つまり彼を「疲れさせない」女性って、どんな女性でしょうか。

彼に楽をさせる女性ということではありません。ここはしばしば間違えられやすいのですが、**男性に楽ばかりさせる女性というものは、女性ばかりが苦労や我慢を強いられる可能性が大きいので、絶対に避けなければなりません。**

彼を疲れさせない女性とは、彼にぶらさがらない女性です。

別の言い方をするなら、彼を支配せず、彼を信頼、信用して、彼を人間として尊重できる女性です。

実際、恋愛中にはこのようなことができなくなりがちなんですよね。

彼にぶらさがるというのは自分一人で立っていないという状態です。彼がいないと何もできない、何もしないということですね。経済的な部分がわかりやすいかもしれません。彼のお財布をあてにしているような状態です。

また、精神的な部分でいうのなら、あなたが困っているときに彼に電話をして、彼の都合にかかわらずわがままをいって、ずっと拘束するという感じです。

このような女性は、最初はかわいらしく見える場合もあるかもしれません。

男性として、頼られているということは、ある意味、快感かもしれません。

ですが、いつも同じ役割を強いられることをつらいと感じることも徐々に増えていくでしょう。

男性であっても、疲れるということはたくさんあります。

男友達や同僚には見せない弱さを、「彼女の前だけでは見せてもいいんじゃない？」と思っている男性は多いのです。

男性であっても、かわいがられたい、甘えたいということも時にはあって、だから年上女性に惹かれるという男性も多いのです。

いつもいつもぶらさがっている女性と一緒にいることを男性は嫌います。

いつか彼のほうから去って行くことでしょう。

あなたが彼にぶらさがることがあってもかまいません。

ただし、ときどき彼を甘えさせることができるならば、です。

それができるようになるために、まずは自分の足でしっかり立つこと。

そのためには『自信』というものが大切です。

「どうした？　なんかあった？」。こんなふうに平等にいたわり合えたら、彼はもうあなたなしではいられなくなりますよ。

「現在の魅力」と「未来の魅力」のバランスがいい女性

永遠に愛される女性って、どんな女性でしょうか？

永遠に、なんていうと、今が永遠に続くように思うけど、実際は、人間はみんな毎日、少しずつ変化してるんですよね。未来は今が続いたものであるという考え方と、今とはまったく違ったものであるって考え方があると思います。

永遠に愛される女性は、未来に続く今と、今が続かない未来を、バランスよく持っている女性です。たとえば、「ユズと一緒だと毎日楽しそう」って思ってくれること。これは今を見て未来を予想した主人がいった言葉。で、実際は？

「毎日楽しい」

じゃあいいねって話だけど、それは毎日同じ私でないから、主人は楽しいって思ってくれるんです。

変わらず魅力的であるってことは、毎日少しずつ変わっていくってことなのです。

彼の「愛」を信じられる女性

「私は本当に愛されているの？」。そう思っちゃう気持ち、よくわかります。だって、男性ってわかりにくいんですものぉー（笑）。なんとなくおかしな行動、「も、もしかして!!」。一度そう思うと、そういえば……がいっぱい。「私は愛されていないんじゃ？」に変わって、いつしか「許せない!!」みたいな（苦笑）。

そんな経験、ありませんか？

彼を信用したいけど、信用できない。ならば、徹底的に調べるって女性はけっこう多いんです。

彼に少しでも不審なところがあれば、あなたは彼を疑い始めます。どんな小さなほころびもあなたは見落としません。それはなぜかといえば、あなたが彼を愛しているから。

好きでもない人に嘘をつかれたときって、ムカついたり、あきれたりしたとしても、不安や憎しみ、嫉妬《しっと》にはならないものです。

彼を信頼、信用していない（できない）あなたの心はささくれ立ちます。

やめておけばいいのに、真実を探ろうとし始めます。

そこで、あなたは彼を欺《あざむ》くことになるのです。

彼の携帯をチェックしたり、カバンや手帳を調べたり、会社帰りに尾行したり……。

時にはカマをかけるように、彼に直接フェイントや牽制をしてみます。

こうなると、彼のほうも「なんだか信用されていないなー」ということくらいは、うっすらぼんやりでも気づくでしょう。

彼を信用、信頼していないあなたは、彼の前で真実を語りません。

彼はそんなあなたを信用して、信頼してくれますか？

最初は気づかないとしても、徐々にあなたの疑いの眼差しに気づくでしょう。

そして、そんなあなたを見て、彼が今度はあなたを欺《あざむ》くのです。

彼を信頼、信用するということは、彼を欺かないということです。

彼の言葉を信じるとき、あなたの心は穏やかです。彼を信頼していれば、あなたと彼の時間はとても楽しいものになります。

あなたが彼を信用すること、信頼することが、彼の信用、信頼を得ることにつながります。

なぜ、彼の行動に、「本当に愛されているの?」と思っちゃったのでしょう。

あなたの心のどこかに「私が愛されるはずない……」とか、「彼はモテる……」とか、「ほかの女性のほうがいいよね……」という思いがありませんか?

「彼のオンリーワンは私!」といえるようになるために、まずは彼に愛されていることを知ること。そのためには『自信』というものが大切です。

そうそう、私が「癒し系の女性」になる前に思った、「私は本当に愛されているの?」「も、もしかして!!」。そう思ったときの真相は、私の誕生日にナイショでプレゼントを探していた彼の行動がちょー怪しかったということで解決しました。「私への愛を疑ってごめんよぉー」と謝ったのはいうまでもありません(爆)。

空気みたいな女性

「空気みたいな存在」っていう言葉を聞いたことはありませんか？

「空気みたいな存在」という意味は、大きく分けて二つあります。

一つは、なくなったら死んでしまうくらい大切だというもの。

もう一つは、そこにあるかどうかわからない、いちいち気にとめないもの。

あなたが、大好きなオンリーワンの彼にとって、いなければ死んでしまうくらい大切な存在であるとしたら、それはとてもうれしいですよね。

でももし、もう一つの、いてもいなくても……という存在であるとしたら悲し過ぎませんか？　すぐに、いなければ死んでしまうくらい大切な存在になっちゃいましょう。


恋が愛に変わると、男性はまた次の恋を探したくなるそうです。

女性は恋から変わった愛を必死に守ろうとするそうです。

そのギャップが、男性の目は外へ、女性の目は一人の愛する男性だけに向けられ、互いに報われない、物足りないといった、幸せにだんだん背を向けた二人になってしまうことも少なくはないのです。

彼には、いつまでもあなたに恋をしていてもらいましょう。

あなたに恋している彼と、あなたは愛を培っていきましょう。

「そんなことができるの？」

大変むずかしいでしょうが、やってみる価値は大ありです。そして、やらないと悲劇が訪れる確率が高いと心得てください。

最初に話した、後者の意味の空気のような存在に一度なってしまうと、そこから再びラブラブな関係になることはとてもむずかしいものです。

巷の書籍には、**ミステリアスな部分を残した、小悪魔《こあくま》的なといったフレーズがよく使われたりしますが、オンリーワンを目指すなら、あまりミステリアスな部分は必要ありません。それよりも、好奇心旺盛な変化に富んだ部分を必ず持っていましょう。**

変化が必要なのは、あなた自身、そして彼との関係。この二つです。

「癒し系」の女性は好奇心旺盛です。楽しいこと、面白いことを常に探しています。そして、見つけた楽しいこと、面白いことを、ちょっぴり彼にお裾分けします。凹《へこ》んで落ち込んで大泣きするようなことがあっても、ちょっとしたことでケロッと立ち直る、子供のようなところもあります。

喜怒哀楽が激しくて、表情がクルクルと変わる女性は、男性からかわいらしく思われます。

何年付き合っても、何歳になっても、こんな女性なら絶対に飽きたりしません。いつまでもいつまでも愛され続けます。そして、あなたは自分を大事に思ってくれる彼を愛し続けることができるでしょう。

ぜひ、お互いにいなくなったら死んでしまうと思ってしまうような、『空気のような存在』になりましょうね。

自分の「仕事」を持っている女性

簡単に自信を得るためには、仕事を持つことです。どんな仕事でもかまいません。

今の時代、仕事を探すこともなかなかむずかしいという現実もあります。そんなときは、仕事を得るために資格を取る勉強をするなどということも自信につながります。

目標を定め、それに向かって努力しているとき、人は自信に満ちあふれます。

自分の足でしっかり立つこと。

彼の気持ちを思いやること。

彼に愛されていることを知ること。

彼をそのまま受け入れる努力をすること。

この四つを身につけるために、絶対に必要なものは『自信』。これだけです。

『自信』があれば、彼を「疲れさせる」なんてことはないのです。

「癒し系」の女性は、いつも彼と平等です。

幸せにしてほしいから彼の永遠のパートナーになるというのでは、決して幸せにはなれませんよ。一緒に幸せになっていこうね!!　こういえるのが本物の「癒し系」の女性なんです。

癒し系の女性はおうちで待っている、いわば専業主婦的な女性をイメージしませんでしたか？　家事をこなし、古風な感じで旦那様の帰りを待つ……みたいなぁ。

専業主婦もとても大事な職業です。でも、専業主婦だって、いきなりはなれませんよ！

まずは、だれかの役に立つ、だれかに感謝されるような仕事をして、あなたの存在が、だれかにとって必要なんだということを実感してくださいね。

あとがきに代えて――最上級のプロポーズ

主人のプロポーズは、とても変わっていました。多分、こんなせりふでプロポーズする男はサトルだけでしょう。そして、そんなプロポーズで一生を決めた女は、もちろん世界中でただ一人、私だけです。

格好よさも、派手さもないし、はじめはそれがプロポーズだなんてわからないようなへんてこな言葉でした。けれど、それは深く深くしみ込む言葉でした。

「ユズっちの脳みそが大好き……」

ね、驚くでしょう？　ロマンチックなものなんか何にもない。へ？　何じゃ、そりゃ、って言葉です。さすが東大生。かなぁーりへんてこだぁー!!

「それってさ、私の外見は好きじゃないってこと？」

女性としたら、ありえない告白に、ちょっとすねすねモードでした。

「あのね……、これはユズっちが僕にとって誰にも変えることのできない最上級だってことなんだよ」

　ど、どこがだよ……。

「今、医学はとっても進歩しているんだよ。」

……な、なぜ、今、医学の話を？

「医学は素晴らしくてね、外見なんていくらでも変えられるんだ。男が女になったり、女が男になることもできるんだよ。そして顔だって、カタログから選ぶみたいに好きなふうにできるし、体形だって、金さえ払えば相当のものが出来上がるよ」

　なるほど〜……って、だから……いつからそんな話になったんだぁ!?

「内臓もそうだよ。動物の内臓を人間に使ったりもできるんだからね。いやー、医学はすごいよ」

　はぁ……、いつの間にか最先端医学の話になってるよ……。

「もういいよ!!（怒）」

「よくないよ!!　僕の話をきちんと聞いて!!　人間の唯一取り替えられない臓器、それが脳みそなんだ!!　もし仮に、ユズっちがだれか病気の人に内臓をあげたとしても、その人はその人のままだ。でも、もし脳みそを移植したら、その人はユズっちになってしまう。わかる？　脳みそだけは、どんな体の中に入ってもその人のままなんだ。僕はユズっちの脳みそが好き。ってことはね、ほかのだれでもダメなんだ。どんな外見だって僕はかまわないよ。ユズっちだけが僕の大好きな人で、どんな人がやってきても、その人はユズっちではないってことなんだ。わかるかな？」

ん⁇　それって、ほめてる？　ってゆーか、喜んでいいのかな⁇

「もちろんだよ。ユズっちは僕にとっての最上級なんだ！」

最上級？　ほほぉー、最上級⁇　むふふ。気分がよいねぇ〜（笑）。

「13歳も年上だよ？　私」

「そんなことは知っているよ。でも、脳みそは変わらないよ。いつまでもユズっちの脳みそだ」

「早くぼけたらどうする？」

「ぼけないよ。ユズっちの脳みそは最上級だもん」

「（いきなり感覚的だなぁ……）脳みそは最上級でも、すぐおばあさんになって寝たきりになるかも……」

「ならないよ。というか、若くても若くなくても、ユズっちでもそうでなくても、いつだれがどうなるかなんてわからない。なら、僕はユズっちがいい。ユズっちじゃなくちゃイヤなんだ。それとも僕じゃイヤ？」

「そうはいっても、現実は厳しいよ？」

「僕はユズっちと生きることが僕にとって最高に幸せだと思うんだ！　だから僕は僕のために、ユズっちと生きたい……。ダメ⁇」

「ダメじゃないけど……」

「もしユズっちが歩けなくなったら、車椅子を押す。そして免許を取って、どこにでも連れてってあげる。もし寝たきりになっても、僕が最後までそばにいる。だからユズっちは僕のそばで好きに生きてください」

「私の好きでいいの？」

「うん。ユズっちが今までできなかったこと、やりたかったこと、これからずっとずっと僕が応援します。僕のしたいことは、ユズっちが笑って生き生きと生きる手伝いだから……」

「……」

「僕といれば、ユズっちは自分の好きに生きていけるよ。そして僕はユズッちと生きることで、だれよりも幸せになれるよ。ほら、二人とも幸せだ!! 二人が幸せなら、子供も幸せ（ニッコリ）」

「……」

「僕はユズっちの脳みそが大好き!!」

あれからもう何年が過ぎたかな。サトルの言葉はすべて本当になって、私はこうして本を出版した。

私の大事な息子と、夫・サトル。

私は素敵な男たちに囲まれて、本当に〈やせずに幸せモテ女〉です。

ありがとう。そして、これからもよろしくね。

ユズ

本書は書き下ろしです。

著者紹介

羽林由鶴（はねばやし ゆず）
日本大学芸術学部放送学科卒。太め女性恋愛応援カウンセラー、太め女性代表。
外見コンプレックスに悩んだ時代を超え、自ら編み出した恋愛テクにより、体重100キロにして複数の男性から次々とプロポーズされる「癒し系の女性」に変身。東大大学院卒の13歳年下の理想の彼とゴールインした経験をもとに、恋愛に悩むすべての女性に「人生楽しく生きていいの」と声をかけ続ける。その究極の恋愛術は、マスコミの注目を集め、各種セミナーや講演への依頼が殺到、今後の活動も大きく期待される。

「28歳以上太め女性限定　180日で彼氏GETの法則」
http://step13.cc
まぐまぐ〈やせずに幸せモテ女〉
http://www.mag2.com/m/0000162087.html

なぜか相手《あいて》がホッとして愛《あい》してしまう
癒《いや》し系《けい》の女性《じょせい》になるヒント

2006年1月1日　第1刷
2011年7月31日　第4刷

著　　者　羽《はね》林《ばやし》由《ゆ》鶴《ず》
発行者　小澤源太郎
発行所　株式会社 青春出版社
東京都新宿区若松町12番1号〒162-0056
振替番号　00190-7-98602
電話　編集部　03(3203)5123
　　　営業部　03(3207)1916

印刷 堀内印刷　　製本 ナショナル製本

万一，落丁，乱丁がありました節は，お取りかえします。
ISBN4-413-03569-0 C0095